AF552682

শ্রীশ্রী পরমহংস যোগানন্দ

গুরুদেব ও প্রতিষ্ঠাতা

যোগদা সৎসঙ্গ সোসাইটি অফ ইন্ডিয়া/

সেল্ফ-রিয়েলাইজেশন ফেলোশিপ

সঙ্কল্প ও নিরাময় বিজ্ঞানসম্মত পদ্ধতি

(Scientific Healing Affirmations)

একাগ্রতার তত্ত্ব ও অনুশীলন

শ্রীশ্রী পরমহংস যোগানন্দ

(যুক্তি, ইচ্ছা, অনুভূতি এবং প্রার্থনার মাধ্যমে দেহ, মন, ও আত্মার অসঙ্গতি নিরাময়ে একাগ্রতা ও সঙ্কল্পের বিজ্ঞানসম্মত প্রয়োগ)

Second Edition, 2004
Third Impression, 2017

যোগদা সৎসঙ্গ সোসাইটি অফ ইন্ডিয়া/
সেল্ফ-রিয়লাইজেশন ফেলোশিপের প্রামাণ্য প্রকাশন

উপরে প্রদর্শিত যোগদা সৎসঙ্গ সোসাইটি অফ ইন্ডিয়ার নাম এবং প্রতীক চিহ্ন ওয়াই এস এস এর যাবতীয় বই, রেকর্ডিং এবং অন্যান্য প্রকাশনে পাঠকদের এ বিষয়ে আশ্বস্ত করার জন্য দেওয়া থাকে যে সেটি শ্রীশ্রী পরমহংস যোগানন্দ দ্বারা স্থাপিত সোসাইটি থেকে উদ্ভূত এবং তাঁরই শিক্ষার বিশ্বস্ত বাহক।

প্রকাশক ঃ
YOGODA SATSANGA SOCIETY OF INDIA
Yogoda Satsanga Math
21, U. N. Mukherjee Road
Dakshineswar, Kolkata 700 076

মুদ্রক ঃ
Kailash Paper Conversion Pvt. Ltd.
Ranchi 834001

ISBN 978-81-89535-61-2

পরিবেশক ঃ

Jaico Publishing House

এই বইটি যোগদা সৎসঙ্গ সোসাইটি অফ ইন্ডিয়া, পরমহংস যোগানন্দ পথ, রাঁচী-৮৩৪০০১, ঝাড়খন্ড তথা ভারতবর্ষের সকল যোগদা সৎসঙ্গ আশ্রম ও ধ্যানকেন্দ্র থেকেও পাওয়া যায়।

উৎসর্গ

প্রেম, ভক্তি ও শ্রদ্ধার সহিত মদীয় গুরুদেব
জ্ঞানাবতার স্বামী শ্রীযুক্তেশ্বরজীর
শ্রীকরকমলে অর্পিত হইল।

শ্রীশ্রী পরমহংস যোগানন্দজীর আধ্যাত্মিক উত্তরাধিকার

তাঁর পুর্ণাঙ্গ লেখা, বক্তৃতা ও ঘরোয়া আলোচনা

শ্রীশ্রী পরমহংস যোগানন্দ, তাঁর শিক্ষার বিশ্বব্যাপী প্রসার ও আগামী প্রজন্মের জন্য তার শুদ্ধতা ও অখণ্ডতা রক্ষার উদ্দেশ্যে, ১৯১৭ সালে যোগদা সৎসঙ্গ সোসাইটি অফ ইন্ডিয়া ও ১৯২০ সালে সেল্ফ-রিয়লাইজেশন ফেলোশিপের প্রতিষ্ঠা করেন। আমেরিকায় থাকার শুরু থেকেই তিনি অনেক লেখালেখি করেন ও প্রচুর বক্তৃতা দেন এবং ধ্যানের যোগ-বিজ্ঞান, ভারসাম্যপূর্ণ জীবনযাপনের কৌশল ও সকল মহান ধর্মের অন্তর্নিহিত ঐক্যের ওপর এক জনপ্রিয় ও অসামান্য রচনা-সম্ভার প্রস্তুত করেন। এই জীবন্ত আধ্যাত্মিক উত্তরাধিকার আজ সমগ্র বিশ্বে লক্ষ লক্ষ সত্যসন্ধানীকে অনুপ্রাণিত করে চলেছে।

মহান গুরুদেবের ব্যক্ত ইচ্ছাঅনুযায়ী, যোগদা

সৎসঙ্গ সোসাইটি অফ ইন্ডিয়া/সেল্ফ-রিয়লাইজেশন ফেলোশিপের, *পরমহংস যোগানন্দের পূর্ণাঙ্গ রচনার প্রকাশনা* ও স্থায়ীভাবে তা মুদ্রিত অবস্থায় রাখার কাজ ক্রমাগত করে চলেছে। এর মধ্যে অন্তর্ভুক্ত তাঁর প্রকাশিত গ্রন্থসমূহের অন্তিম সংস্করণ; ১৯৫২ সালে তাঁর দেহত্যাগের সময় তাঁর অপ্রকাশিত লেখা; যোগদা সৎসঙ্গ সোসাইটি অফ ইন্ডিয়া/সেল্ফ-রিয়লাইজেশন ফেলোশিপের পত্রিকায় অসম্পূর্ণ রূপে প্রকাশিত তাঁর ধারাবাহিক রচনা ও তাঁর দেহত্যাগের পূর্বে লিপিবদ্ধ অপ্রকাশিত শত-শত গভীর অনুপ্রেরণাদায়ক বক্তৃতা ও ঘরোয়া আলোচনা।

যোগদা সৎসঙ্গ সোসাইটি অফ ইন্ডিয়া/সেল্ফ-রিয়লাইজেশন ফেলোশিপের প্রকাশনা-পর্ষদের নেতৃত্বে যাঁরা করে, তাদের তিনি স্বয়ং তাঁর ঘনিষ্ঠ শিষ্য-শিষ্যাদের মধ্য থেকে মনোনীত ক'রে প্রশিক্ষন দেন এবং তাঁর শিক্ষাবলীর প্রস্তুতি ও প্রকাশন বিষয়ে সুনির্দ্দিষ্ট নির্দেশনাও দিয়ে যান। যোগদা সৎসঙ্গ সোসাইটি অফ ইন্ডিয়া/সেল্ফ-রিয়লাইজেশন ফেলোশিপের প্রকাশনা-পর্ষদের সদস্যেরা (আজীবন ত্যাগ ও নিঃস্বার্থ সেবাব্রতী সন্ন্যাসী-সন্ন্যাসিনীগণ) এই পরমপ্রিয় জগদ্‌গুরুর বিশ্বজনীন বাণী

যাতে তাঁর আরম্ভিক শক্তি ও বিশুদ্ধতা নিয়ে স্থায়ী হয়, তার জন্য ঐ সকল নির্দেশ এক পবিত্র আদেশরূপেই গন্য করে থাকেন।

পরমহংস যোগানন্দের দ্বারা স্থাপিত এই সেবাধর্মী প্রতিষ্ঠানকে তাঁর শিক্ষার অনুমোদিত বাহক হিসেবে চিহ্নিত করার উদ্দেশ্যে তিনি যোগদা সৎসঙ্গ সোসাইটি অফ ইন্ডিয়া/সেল্ফ-রিয়লাইজেশন ফেলোশিপের প্রতীক চিহ্নটিকে (পূর্ব পৃষ্ঠায় মুদ্রিত) নির্দিষ্ট করেন। যোগদা সৎসঙ্গ সোসাইটি অফ ইন্ডিয়া/সেল্ফ-রিয়লাইজেশন ফেলোশিপের নাম ও প্রতীকচিহ্ন তাদের সব প্রকাশনা ও রেকর্ডিং-এর ওপর মুদ্রিত থাকে, পাঠককে যা আশ্বস্ত করে যে পরমহংস যোগানন্দ প্রতিষ্ঠিত সংস্থা থেকেই এটি প্রকাশিত ও তাঁর শিক্ষার সঠিক বাহক।

—যোগদা সৎসঙ্গ সোসাইটি অফ ইন্ডিয়া/
সেল্ফ-রিয়লাইজেশন ফেলোশিপ

সূচীপত্র

ভূমিকা xi

প্রথম অধ্যায়—নিরাময় তত্ত্ব

১। **সঙ্কল্প কার্যকরী হয় কেন**

মানুষের ভাষার আধ্যাত্মিক শক্তি 4

মানুষের ভগবৎদত্ত শক্তি 5

ইচ্ছা, অনুভূতি ও যুক্তির প্রয়োগ 6

পুরাতন ব্যাধি ও তার মানসিক কারণ 7

মনোযোগ ও বিশ্বাসের প্রয়োজনীয়তা 9

২। **প্রাণশক্তিই আরোগ্যের নিয়ামক**

মানসিক অবস্থা অনুযায়ী আরোগ্যকরণ............ 12

আবেগ ও ইচ্ছার ক্ষমতা.................................. 14

প্রাণশক্তির উন্মেষণা 16

সঙ্কল্পের অন্তর্নিহিত শক্তি—সত্যতা 20

৩। **দেহ, মন ও আত্মার নিরাময়করণ**

শারীরিক ব্যাধি প্রতিরোধের উপায়................... 22

মানসিক ব্যাধি প্রতিরোধের উপায় 26

আত্মিক ব্যাধির প্রতিরোধ 27
আরোগ্যদায়ী পদ্ধতিসমূহের মূল্যায়ণ 28
জড়বিষয়ে প্রয়োগযোগ্য ঈশ্বরীয় বিধি 30
প্রাণশক্তির উপর কর্তৃত্ব অর্জন করা 31

৪। সৃষ্টির প্রকৃতি

চেতনা ও জড়বস্তু 34
সবচেয়ে সূক্ষ্মতম কম্পন হলো চিন্তা 35
স্বপ্নাবস্থায় মানুষের অভিজ্ঞতা 37
মায়া বা মহাজাগতিক প্রপঞ্চ 38
বিপথগামী মানবের প্রয়োজনসমূহ 39
"প্রজ্ঞাই সর্বশ্রেষ্ঠ শুদ্ধিকারক" 40
মানবিক ও ঐশ্বরিক চৈতন্য 41
অন্তরের দিব্যশক্তিতে বিশ্বাসী হউন 42

দ্বিতীয় অধ্যায়— অনুশীলনের পদ্ধতি

৫। সঙ্কল্প গ্রহণের প্রথাপ্রকরণ

প্রাথমিক নিয়ম 45
আত্ম-উদ্দীপনাজাত সঙ্কল্প 49

স্তব করার ক্রমোন্নত পর্যায় 50
ওম্ বা আমেন—প্রণব ধ্বনি 51
তিনটি শরীরী কেন্দ্র 52

৬। **সঙ্কল্প ও নিরাময়ের বিজ্ঞানসম্মত পদ্ধতি**

সাধারণ ব্যাধি নিরাময়ের সঙ্কল্প 54
চিন্তাশক্তির দ্বারা সঙ্কল্প 63
বিচারবুদ্ধির সঠিক নির্দ্দেশনা 65
ইচ্ছাশক্তির দ্বারা সঙ্কল্প 66
জ্ঞানের জন্য সঙ্কল্প 67
বৈষয়িক সাফল্যলাভের জন্য অবচেতন,
চেতন ও অতিমানস চেতনার নিয়মকানুন 73
বৈষয়িক সাফল্যলাভের জন্য সঙ্কল্প 75
আত্মিক অজ্ঞতা দূরীকরণ.................................. 78
আধ্যাত্মিক সফলতার জন্য সঙ্কল্প 79
সঙ্কল্প—মানসিক সাফল্য 81
সংযুক্ত পদ্ধতি 84
দৃষ্টিশক্তির উন্নতি 84
চক্ষুর জন্য সঙ্কল্প 85

পাকস্থলীর ব্যায়াম 87

দাঁতের ব্যায়াম 88

অন্তরের নন্দনকানন 88

যৌনকাঙক্ষা নিয়ন্ত্রণের উপায় 89

পবিত্রতার সঙ্কল্প 90

কু-অভ্যাস দূরীকরণ 91

মুক্তির জন্য সঙ্কল্প 93

পরমপিতার কাছে প্রার্থনা 94

গ্রন্থকার প্রসঙ্গে 97

জীবনে ও মরণে যিনি মহাযোগী 100

বর্ণানুক্রমিক সূচী 103

যোগদা সৎসঙ্গ সোসাইটি অফ ইন্ডিয়ার আদর্শ ও লক্ষ্য 109

ভূমিকা

মানুষের বিচারশক্তি যখন ভ্রূণাবস্থায় তখন থেকেই সে জানতে চেয়েছে তার অস্তিত্বের রহস্যকে, বোঝবার চেষ্টা করেছে সৃষ্টিকর্তার প্রকৃতিকে। সর্ব যুগে জ্ঞানী ব্যক্তিদের বিশেষ উদ্দেশ্য ছিল ঐ সকল বিষয়ের ওপর আলোকপাত করা। এবং তা উপলব্ধি করেই 'সৎসঙ্গের' (সৎ ও প্রজ্ঞাবানের সাহচর্য) আদর্শ ভারতীয় আধ্যাত্মিক ঐতিহ্যের মর্ম্মস্থলে স্থানলাভ করেছে। 'সৎসঙ্গ' দ্বারা 'সাধক' উদ্দীপনালাভ ও আধ্যাত্মিক বোধশক্তিকে বর্দ্ধিত করেন। এই 'শুভ' সাহচর্য্য যতই পবিত্র হয়, ততই 'সাধক' সেই অভিজ্ঞতাকে আত্মভূত করতে পারেন। কিন্তু স্বল্প ভাগ্যবানের ক্ষেত্রেই কোন প্রকৃত মহাপুরুষের ব্যক্তিগত সংসর্গ ও আশীর্বাদলাভের দুর্লভ সুযোগ উপস্থিত হয়। আক্ষরিক অর্থে 'সৎসঙ্গে'র ধারণাকে যদি আমরা ঋষি পুরুষের ব্যক্তিগত সান্নিধ্যলাভের প্রয়োজনীয়তা—এই অর্থে গ্রহণ করি, তাহলে সন্ধানী মানব সেই সুযোগ থেকে বঞ্চিত হবেন। কিন্তু যদি আমরা উপলব্ধি করি যে, 'সৎসঙ্গে'র স্বকীয় মূল্য হলো সাধুসন্তের শিক্ষা ও নির্দ্দেশনা

গ্রহণে ভক্তজনের সামর্থ—সেই 'সাধক' ঐ দিব্যাত্মার ব্যক্তিগত সান্নিধ্যে থাকুন বা নাই থাকুন—তাহলে বর্তমান যুগের মুদ্রণ পদ্ধতির মাধ্যমে 'সৎসঙ্গ'কে প্রতিটি সন্ধানীজনের 'সাধনায়' অবশ্যই সমুন্নত করা যেতে পারে।

এই মূলনীতির প্রতি লক্ষ্য রেখেই পাঠকবর্গের নিকট 'সঙ্কল্প ও নিরাময়—বিজ্ঞানসম্মত পদ্ধতি' পুস্তিকাটি উৎসর্গ করা হলো।

মহাত্মা শ্রীশ্রী পরমহংস যোগানন্দ, যাঁর বাণী এই পুস্তিকাটিতে লিপিবদ্ধ করা হয়েছে, তিনি ৭ই মার্চ ১৯৫২ সালে মহাসমাধিতে লীন হন। মৃত্যুর পর তাঁর দেহের অদ্ভুত অক্ষয়ত্ব, তাঁর অতুলনীয় আধ্যাত্মিক তুরীয় জীবনেরই সাক্ষ্য বহণ করে। অধুনা বিশ্বব্যাপী যোগদা সৎসঙ্গ সোসাইটি অফ ইন্ডিয়া/সেল্ফ-রিয়েলাইজেশন ফেলোশিপের তিনিই হলেন পরমশ্রদ্ধেয় গুরু ও প্রতিষ্ঠাতা। 'রাজযোগ', যাহা অতীব প্রাচীন এবং এক সর্বজনীন আত্মদর্শন বিজ্ঞান, তাহাই তাঁর উপদেশের মূল ভিত্তি। সোসাইটি, শ্রীশ্রী পরমহংস যোগানন্দের উপদেশাবলীকে বিভিন্ন পুস্তক, রচনা ও গোপনীয়

আধ্যাত্মিক অনুশীলনী প্রকাশের মধ্যে দিয়ে এবং বিভিন্ন শাখা কেন্দ্র, শিক্ষাপ্রতিষ্ঠান ও দাতব্য প্রতিষ্ঠানের মাধ্যমে সেই প্রচার কার্যে ব্রতী রয়েছে। যদি এই পুস্তিকাটি পাঠককে শ্রীশ্রী পরমহংস যোগানন্দজী এবং তাঁর প্রতিষ্ঠিত সোসাইটির সঙ্গে সর্বপ্রথম পরিচিত করিয়ে থাকে, তাহলে এই লেখার মাধ্যমে মঙ্গলময় গুরুর সাথে 'সৎসঙ্গ' লাভে তাঁর অভিজ্ঞতা হয়ত আরও সুগভীর পরিচয় ও চিরস্থায়ী সম্পর্ক স্থাপনের সূচনা করতে পারে।

উদ্দিষ্ট বাণী প্রচার করার ক্ষমতার মধ্যেই কোন লেখার যথার্থতা নির্ভর করে; এবং সেই বাণীর গুরুত্ব নির্ভর করে লেখকের যোগ্যতাবলীর ওপর। পুস্তিকাটির সূচিই তার পরিচয় বহণ করছে এবং লেখকের যোগ্যতা জানা যেতে পারে তাঁর রচিত *'যোগী-কথামৃত'* পুস্তকটিকে গভীর মনোযোগের সঙ্গে পঠনের মধ্যে দিয়ে। ঐ বইখানি হলো তাঁরই আত্মজীবনী, যাঁর কাছে সত্য শুধু নিছক ঘটনা নয়, বরঞ্চ এক মহান উপলব্ধি বলা যেতে পারে।

যোগদা সৎসঙ্গ সোসাইটি অফ ইন্ডিয়া

প্রথম অধ্যায়

নিরাময় তত্ত্ব

১। সঙ্কল্প কার্যকরী হয় কেন

ভাষাই হলো মানুষের আত্মা। তার চিন্তার অনুকম্পনই তার কথ্য ভাষায় ধ্বনিত হয়। চিন্তা হলো কম্পন, যা অহং অথবা আত্মা থেকে উদ্‌গত হয়। তাই আপনাদের উচ্চারিত প্রতিটি শব্দ আত্মিক কম্পনের দ্বারা শক্তিশালী হওয়া উচিত। যদি বাক্যের মধ্যে আত্মিক শক্তিই না থাকে, তাহলে তা প্রাণহীন হয়ে পড়ে। খেলনা পিস্তল থেকে ছোঁড়া কাগজের বুলেটের যেমন কোন কার্যকারিতা থাকে না, তেমনি বাচালতা, অতিশয়োক্তি বা অসত্য কথন, আপনাদের উচ্চারিত বাক্যকেই নিরর্থক করে দেয়। যারা বাক্যবাগীশ বা যারা ভ্রান্ত কথাবার্তা বলে, তাদের কথা এবং প্রার্থনা সচরাচর বাঞ্ছিত সুফল সৃষ্টি করতে পারে না। তাই মানুষের কথাবার্তার মধ্যে শুধু যে সত্যতারই প্রকাশ ঘটা উচিত তাই নয়, তার ভেতরে একটা সুনির্দ্দিষ্ট বোধ এবং উপলব্ধিরও পরিচয় থাকা দরকার। যে কথার মধ্যে আত্মিক শক্তি নেই তার অবস্থা হয় অনেকটা শস্য ছাড়া তূষের মত।

মানুষের ভাষার আধ্যাত্মিক শক্তি

শব্দ যখন ঐকান্তিকতা, প্রত্যয়, বিশ্বাস এবং স্বজ্ঞার মত প্রচণ্ড ক্ষমতাসম্পন্ন কম্পমান বিস্ফোরকপূর্ণ হয়, তার বিস্ফোরণ ঘটলে পর তা যাবতীয় প্রতিবন্ধকতার পাহাড় ভেঙ্গে দিয়ে অভিলষিত পরিবর্তন আনয়ণ করে থাকে। সত্য হলেও অপ্রিয় কথা না বলাই উচিত। কোন মনের কথা বা সঙ্কল্পকে যদি যথাযথ ভাব, অনুভূতি, এবং সদিচ্ছার সঙ্গে বারবার উচ্চারণ করা হয়, তাহলে তা আপনাকে বিপন্মুক্ত করার জন্যে 'সর্বব্যাপী মহাজাগতিক স্পন্দনশীল শক্তি'কে সক্রিয় করে তোলে। যাবতীয় সন্দেহকে পরিত্যাগ করে, অটল বিশ্বাসে, সেই মহাশক্তির কাছে প্রার্থনা করুন। তা না হলে আপনার একাগ্রতারূপী তীরটি লক্ষ্যভ্রষ্ট হতে পারে।

মহাজাগতিক চৈতন্যরূপী মৃত্তিকায় স্পন্দনশীল প্রার্থনারূপী বীজটিকে একবার প্রোথিত করার পর, তাতে অঙ্কুরের উদ্‌গম হয়েছে কিনা দেখার জন্যে বারবার তাকে মাটি থেকে তুলে দেখা উচিত নয়। ঐশ্বরিক শক্তিগুলিকে অবিচ্ছিন্নভাবে কাজ করার সুযোগ দিন।

মানুষের ভগবৎদত্ত শক্তি

মহাজাগতিক চৈতন্য বা ঈশ্বরের চেয়ে মহান আর কিছুই নেই। মানুষের মনের চেয়েও অনেক বেশি শক্তিধর তিনি। শুধু তাঁরই কৃপাপ্রার্থী হোন। তবে এই উপদেশ দানের অর্থ এই নয় যে আপনাকে উদাসী, জড় বা সরল বিশ্বাসী হতে হবে; কিম্বা আপনার মানসিক ক্ষমতাকে দুর্বল করে ফেলতে হবে। যারা নিজেরা চেষ্টা করেন, ঈশ্বর তাদেরই সাহায্য করেন। দৈহিক ও মানসিক ক্লেশ থেকে মুক্তিলাভের জন্য ঈশ্বর আপনাদের ইচ্ছাশক্তি, একাগ্রতা, বিশ্বাস, যুক্তিবিচার এবং সাধারণ জ্ঞান প্রয়োগ করার অধিকার দিয়েছেন। তাই তাঁর কাছে সাহায্য প্রার্থনা করার সঙ্গে সঙ্গে আপনাদের ঐ সব শক্তিগুলিকেও ব্যবহার করতে হবে।

যখন আপনারা প্রার্থনা করবেন বা সঙ্কল্প ব্যক্ত করবেন, তখন সবসময় মনে রাখবেন—অন্যের বা নিজের রোগ নিরাময়ের জন্যে আপনারা কেবলমাত্র নিজস্ব ভগবৎদত্ত শক্তিকেই ব্যবহার করছেন। তাঁর সহায়তা অবশ্যই কামনা করবেন; কিন্তু সেই সঙ্গে এ

কথাটাও মনে রাখতে হবে যে, তাঁরই প্রিয় সন্তানরূপে জীবনের যাবতীয় কঠিন সমস্যা থেকে মুক্তিলাভের জন্যে আপনারা শুধুমাত্র সেই ঈশ্বরদত্ত ইচ্ছা, আবেগ এবং বিচার ক্ষমতাকেই ব্যবহার করছেন। এক্ষেত্রে ঈশ্বরের ওপর পরিপূর্ণ নির্ভরশীলতার মধ্যযুগীয় ধারণা এবং আধুনিক কালের একমাত্র অহম্‌শক্তির ওপর নির্ভর করার মধ্যে একটা ভারসাম্য আনতে হবে।

ইচ্ছা, অনুভূতি ও যুক্তির প্রয়োগ

নানারকম সঙ্কল্প করার সঙ্গে মানুষের মনের ধ্যানধারণারও পরিবর্তন হওয়া দরকার; যেমন, ইচ্ছা-সম্বন্ধীয় সঙ্কল্পের সঙ্গে দৃঢ় প্রত্যয়, অনুভূতির সঙ্গে ভক্তি ও যুক্তিবিচারের সঙ্গে সুস্পষ্ট বোধ থাকার প্রয়োজন। কাউকে নিরাময় করার সময় এমন একটা সঙ্কল্প বেছে নিতে হবে যা আরোগ্যকামীর সক্রিয় মানস, কল্পনা, আবেগ বা চিন্তাশীলতার সঙ্গে সামঞ্জস্যপূর্ণ হয়। যে কোন সঙ্কল্পের ক্ষেত্রে সর্বাগ্রে দরকার প্রগাঢ় ঐকান্তিকতা; তবে সঙ্কল্পের অবিচ্ছিন্নতা এবং পুনরাবৃত্তির গুরুত্বও কিছু কম

নয়। ফলের দিকে না তাকিয়ে সঙ্কল্পের সঙ্গে ভক্তি, ইচ্ছা, বিশ্বাসকে মেলাতে হবে, একমনে বারবার তাকে জপ করতে হবে। তবেই আপনাদের যাবতীয় পরিশ্রমের সুফল একদিন স্বাভাবিকভাবেই পাবেন।

দৈহিক ব্যাধি নিরাময়করণের ক্ষেত্রে ব্যাধির দিকে দৃষ্টি না দিয়ে, মনের অপরিমেয় শক্তির প্রতি মনোযোগ দিতে হবে। তা না হলে বিশ্বাস দুর্বল হয়ে পড়তে পারে। মন থেকে ভয়, ক্রোধ, বদভ্যাস প্রভৃতিকে দূর করার সময় তাদের বিপরীত গুণাবলীর দিকে মনোযোগ দেওয়া প্রয়োজন। যেমন ভয়কে দমন করার জন্যে সাহসিকতার কথা ভাবতে হবে। একইভাবে ক্রোধ, দুর্বলতা, অসুস্থতাকে জয় করতে হলে যথাক্রমে শান্তি, শক্তি, ও সুস্বাস্থ্যের কথা চিন্তা করতে হবে।

পুরাতন ব্যাধি ও তার মানসিক কারণ

রোগমুক্তির চেষ্টা করতে গিয়ে প্রায়শঃই দেখা যায় মানুষ রোগের স্থায়ীত্ব ক্ষমতার দিকেই বেশি দৃষ্টি দিচ্ছে —তার সম্ভাব্য নিরাময়ের দিকে নয়। ফলে রোগ

ব্যাপারটা শরীর ও মন—দুটোরই অভ্যাসে দাঁড়িয়ে যায়। অধিকাংশ স্নায়বিক রোগের ক্ষেত্রে এই কথাটা বিশেষভাবে প্রযোজ্য। প্রতিটি বিষণ্ণতা বা সুখচিন্তা, বিরক্তি বা ধীরতার চিন্তা, মস্তিষ্ককোষে সূক্ষ্ম দাগ কেটে যায়; ফলে তা হয় অসুস্থতা নয়তো স্বাচ্ছন্দ্যের চিন্তাকেই শক্তিশালী করে তোলে।

অবচেতনায় শরীর বা অসুখ নিয়ে চিন্তা করার অভ্যাস মনে একটা দারুণ প্রভাব সৃষ্ট করে। তাই দেখা যায় কঠিন মানসিক বা শারীরিক ব্যাধির শেকড় অবচেতনার গভীরে ছড়িয়ে আছে। সেই গোপন শেকড়টিকে উৎপাটন করতে পারলে অনেকক্ষেত্রে রোগের নিরাময় ঘটে। সুতরাং চেতন মনের সঙ্কল্পে এমন একটা প্রগাঢ়তা আনতে হবে যাতে তা অবচেতন মনেও ছড়িয়ে যায়। তাতে করে স্বাভাবিকভাবেই তার প্রভাব চেতন মনেও পড়ে থাকে। অতএব দেখা যাচ্ছে—দৃঢ়, সচেতন সঙ্কল্প, অবচেতনার মাধ্যমে দেহ ও মনে প্রতিক্রিয়া তৈরী করছে। অতি দৃঢ় সঙ্কল্পগুলি কেবল যে অবচেতন মনকেই স্পর্শ করে তাই নয়, তাকেও অতিক্রম করে অতিমানস চেতনাতেও

পৌঁছে যায়—সেই চেতনা, যাকে বলা হয় অলৌকিক শক্তির যাদুকরী ভাণ্ডার।

'সত্য' কথা বলার অভ্যাস স্বেচ্ছায়, নিঃশঙ্কে, বুদ্ধিমত্তা এবং ভক্তির সঙ্গে পালন করে যেতে হবে। মনের একাগ্রতায় কোনরকম ঘাটতি থাকলে চলবে না। পলাতক শিশুদের মত বিক্ষিপ্ত ভাবনাচিন্তাগুলিকেও বারবার স্বস্থানে ফিরিয়ে আনতে হবে এবং ধৈর্যধরে তাদের নির্ধারিত কর্মভার পালন করতে শেখাতে হবে।

মনোযোগ ও বিশ্বাসের প্রয়োজনীয়তা

অতিমানস চেতনায় প্রার্থনাকে পৌঁছে দিতে হলে মন থেকে যাবতীয় অনিশ্চয়তা আর সন্দেহকে বিদায় করতে হবে। মনোযোগ আর বিশ্বাস হলো আলোর মত, যা ভ্রান্তিপূর্ণভাবে উপলব্ধ সঙ্কল্পগুলিকেও অবচেতন ও অতিমানস চেতনলোকে পথ দেখিয়ে নিয়ে যেতে পারে।

ধৈর্য্যর সঙ্গে একনিষ্ঠ মন ও বুদ্ধির পৌনঃপুনিক প্রয়োগ অসাধ্যসাধন করতে পারে। জটিল, দীর্ঘস্থায়ী দৈহিক বা মানসিক যন্ত্রণা নিরাময়করণের জন্য প্রার্থনা,

বারবার গভীরতার সঙ্গে এমনভাবে উচ্চারণ করতে হবে (রোগীর অবস্থার যদি কোন পরিবর্তন নাও হয়, কিম্বা কোনরকম বিপরীত প্রতিক্রিয়া দেখা দেয়, তা সত্ত্বেও) যাতে তা প্রার্থনাকারীর স্বজ্ঞাজনিত স্থির বিশ্বাসের সঙ্গে ওতপ্রোতোভাবে জড়িত হয়ে যায়। মানসিক বা শারীরিক ব্যাধি আর কোনদিনই ভাল হবে না—এমন একটা চিন্তা মাথায় নিয়ে মরার চেয়ে, মৃত্যু যদি অবধারিতই হয় তাহলে এমন একটা বিশ্বাস নিয়েই মরা ভাল যে, শরীরে কোন রোগ নেই।

মানুষ এখনও পর্যন্ত এইটুকুই জানে যে তার দেহ একদিন বিনাশপ্রাপ্ত হবেই; তবে সেই 'বিধিনির্দ্দিষ্ট সময়টি'কে সে আত্মিক শক্তির জোরে অবশ্যই পরিবর্তন করে নিতে পারে।

২। প্রাণশক্তিই আরোগ্যের নিয়ামক

প্রভু যীশু বলেছেন ঃ "মানুষ কেবল রুটি খেয়েই বাঁচবে না। ঈশ্বরের মুখনিঃসৃত প্রতিটি বাক্য থেকেই সে বাঁচবে।"*

এই 'বাক্য' হলো প্রাণশক্তি বা মহাজাগতিক কম্পনশীল শক্তি। "ঈশ্বরের মুখ" বলতে এখানে সুষুম্নাকাণ্ডকে বোঝাচ্ছে, যার অবস্থান মস্তিষ্কের পেছনে এবং যা মেরুদণ্ডে গিয়ে শেষ হয়েছে। এটা হলো মানবদেহের সবথেকে গুরুত্বপূর্ণ অংশ। যে 'বাক্য' বা প্রাণশক্তি মানুষকে বাঁচিয়ে রেখেছে, তারই দিব্য প্রবেশপথ (ঈশ্বরের মুখ)। হিন্দু ও খ্রিস্টীয় ধর্মশাস্ত্রে এই 'বাক্য'কে যথাক্রমে 'ওম্' ও 'আমেন' বলা হয়।

একমাত্র এই 'শুদ্ধা শক্তি'ই নিরাময়করণে সক্ষম। যাবতীয় বাহ্যিক উদ্দীপনাদায়ক প্রক্রিয়া এই প্রাণশক্তির

---

* *ম্যাথু* 4:4 (বাইবেল)।

"শুরুতে ছিল 'বাক্য' এবং 'বাক্য' ছিল ঈশ্বরের সঙ্গে এবং 'বাক্য'ই হলো ঈশ্বর।" — *জন* 1:1 (বাইবেল)

সহায়কমাত্র; তাই তার অভাবে সে'গুলি সম্পূর্ণ অকেজো হয়ে পড়ে।

মানসিক অবস্থা অনুযায়ী আরোগ্যকরণ

ওষুধ, ম্যাসাজ (মর্দন), শিরদাঁড়ার বিন্যাসের পরিবর্তন, বা তড়িৎ শক্তির সাহায্যে চিকিৎসা করলে শরীরকোষের লুপ্ত সুসংহত অবস্থাকে হয়ত ফিরিয়ে আনা যেতে পারে এবং সেটি ঘটে রক্তের রাসায়নিক বিক্রিয়া অথবা শরীরগত উত্তেজনা সৃষ্টির মাধ্যমে। এ'সবই হলো বাহ্যিক প্রক্রিয়া, যা কখনো কখনো আরোগ্যের কাজে প্রাণশক্তিকে সক্রিয় করে তুলতে সহায়তা করে। কিন্তু একটি মৃতদেহ, যা থেকে প্রাণশক্তি লুপ্ত হয়ে গেছে—তার ক্ষেত্রে এই প্রক্রিয়া সম্পূর্ণ অকার্যকরই হয়ে পড়ে।

মানুষ ভিন্ন ভিন্ন স্বভাবের হয়ে থাকে, যেমন কল্পনাপ্রবণ, চিন্তাশীল, উচ্চাকাঙ্ক্ষী, আবেগপ্রবণ, ইচ্ছুক, পরিশ্রমী ইত্যাদি। ব্যক্তিগত প্রকৃতি অনুযায়ী তাদের ক্ষেত্রে কল্পনা, যুক্তি, বিশ্বাস, আবেগ, ইচ্ছা বা অনুপ্রেরণাকে প্রয়োগ করা যেতে পারে। অল্পলোকই এই

কথাটি জানেন। ক্যুয়ো (Coue´) autosuggestion*-এর (সন্মোহিত ব্যক্তি কর্তৃক বিচিত্র তথ্যাদিজ্ঞাপনের) ওপর বিশেষ গুরুত্ব আরোপ করলেও প্রজ্ঞাবান ব্যক্তি কোন সঞ্চারিত ধারণার বশবর্তী হন না; তাঁরা বরং দেহের ওপর চৈতন্যশক্তির প্রভাব বিষয়ক আধ্যাত্মিক আলোচনাতেই বেশি উৎসাহী হয়ে থাকেন। মানসিক শক্তির কার্য ও কারণ সম্বন্ধে তাঁর জ্ঞানলাভের প্রয়োজন। যেমন ধরুন, তিনি যদি বুঝতে পারেন যে সন্মোহণের সাহায্যে ফোসকা তৈরী করা যায়, যে কথা উইলিয়াম জেমস্ তাঁর 'Principles of Psychology'-তে বলেছেন, তাহলে তিনি রোগ নিরাময়ের ক্ষেত্রে মনে শক্তির জোরটাও বুঝতে পারবেন। মন যদি অসুখকে ডেকে আনতে পারে,

---

* ক্যুয়োর সাইকোথেরাপি (psychotherapy)-তে ইচ্ছাশক্তির চেয়েও কল্পনাশক্তির ওপর অধিক গুরুত্ব আরোপ করা হয়। তিনি কতকগুলি ফর্মুলা বা সূত্র প্রয়োগ করতেন যেমন ঃ "দিনে দিনে এবং সব দিক থেকে আমি ক্রমশঃ উন্নতি করে চলেছি।" মন যখন কোন ভাবগ্রহণে প্রস্তুত থাকে তখন এই ধরণের বাক্যগুলি বারবার করে জপ করতে হয়। এর অন্তর্নিহিত তত্ত্ব হলো—পুনরাবৃত্তির ফলে ধারণাটি অবচেতনায় প্রবেশ করে এবং যে ভাবনা থেকে ব্যাধি ও যন্ত্রণার উদ্ভব হয়, তাকে দূর করে।

তাহলে নিশ্চয়ই সে সুস্বাস্থ্যও গড়ে তুলতে পারে। মানসিক শক্তিই দেহের বিভিন্ন অবয়ব গড়ে তোলে; আর মনই ভৌতকোষের উৎপত্তিকে তদারক করে থাকে এবং তাকে পুনঃসঞ্জীবিত করতে পারে।

স্বাভিভাব (autosuggestion) আবার দৃঢ় ইচ্ছাশক্তি-সম্পন্ন মানুষের ওপর প্রভাব বিস্তারেও অক্ষম। এই ধরণের মানুষের রোগমুক্তির জন্য প্রয়োজন কঠিন সঙ্কল্প, যা কল্পনার চেয়েও তার ইচ্ছাকেই উদ্দীপ্ত করে বেশি। তবে যারা মূলতঃ আবেগপ্রবণ তাদের ক্ষেত্রে স্বাভিভাব খুবই উপযোগী হয়ে থাকে।

আবেগ ও ইচ্ছার ক্ষমতা

বাক্শক্তিহারা এমন একজন আবেগসম্পন্ন ব্যক্তির কথা আমরা জানি যিনি জ্বলন্ত বাড়ি থেকে পালাবার সময় আবার বাক্শক্তি ফিরে পেয়েছিলেন। আগুন দেখে আতঙ্কিত হয়ে তিনি হঠাৎ চীৎকার করে ওঠেন ঃ "আগুন! আগুন!" তিনি ভুলেই গিয়েছিলেন যে তিনি কথা বলতে পারেন না। অবচেতনায় যে অসুস্থতার

মনোভাব তাঁর গড়ে উঠেছিল, প্রবল আবেগের দ্বারা তিনি তাকে জয় করেছিলেন। প্রগাঢ় মনঃসংযোগের একটা যে নিরাময় ক্ষমতা আছে, এই কাহিনীই তার প্রকৃষ্ট উদাহরণ।

স্টীমারে করে প্রথম যখন আমি ভারত থেকে শ্রীলঙ্কায় যাই, সেই সময় হঠাৎ আমি সমুদ্রপীড়ায় আক্রান্ত হয়ে পড়ি এবং আমার পেটের মধ্যে সঞ্চিত মূল্যবান খাদ্যবস্তু উদ্‌গারিত করে ফেলি। এই অভিজ্ঞতা আমার পক্ষে মোটেই সুখকর ছিল না। একটি ভাসমান ঘর (কেবিন) এবং সন্তরণশীল গ্রামের মনোরম অভিজ্ঞতা যখন আমি প্রথম উপভোগ করছি, ঠিক সেই সময় এই ব্যাধি আমাকে আক্রমণ করে বসে। এতে আমি খুব বিরক্ত হই ও স্থির করি—নিজেকে আর কখনো ঐ রকম ছলনার শিকার হতে দেব না। কেবিনের মেঝেতে সজোরে পা ঠুকে নিজ ইচ্ছাকে এই বলে নির্দ্দেশ দিই যেন কখনো আমার ঐ রকম সমুদ্রপীড়ার অভিজ্ঞতা না হয়। এরপর আমি কয়েকবার সমুদ্রযাত্রা করি যেমন ভারত থেকে জাপান যাতায়াতে একমাস, কোলকাতা থেকে বোস্টন যেতে পঞ্চাশ দিন, সিয়াটেল থেকে আলাস্কা যাতায়াতে

ছাব্বিশ দিন ইত্যাদি—আমি কিন্তু কখনই আর সমুদ্র-পীড়ায় আক্রান্ত হই নি।

প্রাণশক্তির উন্মেষণা

ইচ্ছা, কল্পনা, যুক্তি বা আবেগজাত শক্তি কখনই নিজে থেকে দৈহিক ব্যাধি নিরাময় করতে পারে না। তারা কেবলমাত্র ভিন্ন ভিন্ন প্রতিনিধিরূপে কাজ করে। ব্যক্তির মানসিকতা অনুসারে তারা রোগ নিরাময়ের কারণে প্রাণশক্তিকে উদ্দীপ্ত করে তোলে। ধরুন কারোর বাহু পঙ্গু হয়েছে; বারবার ধরে যদি তার ইচ্ছা বা কল্পনাকে উদ্দীপ্ত করে তোলা যায়, তাহলে প্রাণশক্তি হঠাৎ করে ঐ অসুস্থ স্নায়ুকোষে প্রবাহিত হয়ে বাহুটিকে সুস্থ করে তুলতে পারে।

সঙ্কল্পের পুনরাবৃত্তি এমন দৃঢ়তার সঙ্গে একনাগাড়ে করে যেতে হবে যাতে নিষ্ক্রিয় প্রাণশক্তিকে জাগ্রত করা ও তাকে স্বাভাবিক পথে চালিত করার জন্য যথেষ্ট পরিমাণে ইচ্ছা, যুক্তি বা আবেগ শক্তির উন্মেষ ঘটে। উত্তরোত্তর, বেশি বেশি গভীরতার সঙ্গে, বারবার চেষ্টা করার গুরুত্বকে কেউ যেন হাল্কা করে না দেখেন।

একটা ভাল গাছ তৈরী করতে হলে দুটো জিনিষের দরকার হয়—বীজের সজীবতা আর উপযুক্ত মৃত্তিকা। তেমনি, রোগ নিরাময়ের ক্ষেত্রেও দরকার হয় নিরাময়কারীর ক্ষমতা এবং রোগীর গ্রাহীশক্তি।

"সদ্‌গুণ (অর্থাৎ নিরাময় শক্তি) তাঁর ভেতর থেকে নির্গত হয়েছে," ও "তোমার বিশ্বাসই তোমাকে পূর্ণ করেছে"*—বাইবেলের এই দু'টি উক্তি থেকে একথা স্পষ্টই বোঝা যায় যে, দেহারোগ্যের জন্যে আরোগ্য-দানকারীর শক্তি এবং রোগগ্রস্ত ব্যক্তির বিশ্বাস—উভয়েরই একান্ত প্রয়োজন।

যাঁরা ব্রহ্মজ্ঞানী, যাঁরা মহান আরোগ্যদাতা—তাঁরা সঠিক জ্ঞানের সাহায্যেই আরোগ্যদান করে থাকেন, আকস্মিকভাবে রোগ নিরাময় করেন না। প্রাণশক্তিকে নিয়ন্ত্রণ করার বিষয়টি তাঁরা সম্যকভাবে জানেন। রোগীর নিজস্ব প্রাণশক্তির সঙ্গে সমন্বয় গড়তে পারে এমন প্রাণসঞ্চারী প্রভাবকেই তাঁরা প্রেরণ করে থাকেন। বস্তুতঃ রোগগ্রস্ত ব্যক্তির কোষসমূহে প্রকৃতির যে জড় মানসিক

---

* *মার্ক* 5:30, 34 (বাইবেল)।

বিধিগুলি সক্রিয় রয়েছে, তাদেরকে তিনি সত্যসত্যই দেখে থাকেন এবং তারই ফলে তাকে আরোগ্য করতে সমর্থ হন।

যাদের আধ্যাত্মিক জ্ঞান তত উচ্চস্তরের নয় তাঁরাও দেহের রোগগ্রস্ত অংশটিকে মনে মনে দেখে এবং তার মধ্যে প্রাণশক্তি পাঠিয়ে নিজেকে এবং অন্যান্যদের রোগমুক্ত করতে পারেন।

কখনো কখনো শারীরিক, মানসিক এবং আত্মিক ব্যাধির তাৎক্ষণিক উপশম হয়ে থাকে। যুগ যুগ ধরে সঞ্চিত অজ্ঞানতাকে বিতাড়নের চেষ্টা না করে জ্ঞানালোকের আনয়ণে তাকে সঙ্গে সঙ্গে মুছে ফেলা যায়। কে যে কবে রোগমুক্ত হবে, কেউই সেকথা নির্দ্দিষ্ট করে বলতে পারে না। সুতরাং আরোগ্যলাভের কোন নির্দ্দিষ্ট সময়ের উল্লেখ আপনারা কখনই করতে যাবেন না। সময় নয়, বিশ্বাসই ঠিক করে—কখন রোগ নিরাময় ঘটবে। ফলাফল নির্ভর করে প্রাণশক্তির যথাযথ জাগরণ এবং ব্যক্তিসত্তার চেতন ও অবচেতন অবস্থার ওপর। অবিশ্বাস প্রাণশক্তিকে পঙ্গু করে দেয়; ফলে এই দিব্য বৈদ্য, দেহ সৌষ্ঠবনির্মাতা ও ওস্তাদ স্থপতি নিখুঁতভাবে নিজের কাজ করতে সমর্থ হয়না।

শ্রীশ্রী মহাবতার বাবাজী
শ্রীশ্রী লাহিড়ী মহাশয়ের গুরুদেব

শ্রীশ্রী লাহিড়ী মহাশয়
(শ্যামাচরণ লাহিড়ী)
শ্রীশ্রী স্বামী শ্রীযুক্তেশ্বর
গিরির গুরুদেব

শ্রীশ্রী স্বামী শ্রীযুক্তেশ্বর গিরি
শ্রীশ্রী পরমহংস যোগানন্দের গুরুদেব

পরমহংস যোগানন্দের উত্তরাধিকারীগণ

(বাঁদিক থেকে ডানদিকে) শ্রীশ্রী রাজর্ষি জনকানন্দ, যোগদা সৎসঙ্গ সোসাইটি অফ ইন্ডিয়া/সেল্ফ - রিয়েলাইজেশন ফেলোশিপের আধ্যাত্মিক প্রাচার্য্য ও সভাপতি, ১৯৫২-৫৫। শ্রীশ্রী দয়ামাতা ১৯৫৫ সালে রাজর্ষি জনকানন্দের পদাধিষ্ট হন ও ৫৫ বছরের ও অধিক ২০১০ সালে, তাঁর দেহাবসান পর্যন্ত, সেবা করেন। শ্রীশ্রী মৃণালিনী মাতা, যিনি মহান গুরুর আরেকজন ঘনিষ্ট শিষ্যা এবং তাঁর কাজকে এগিয়ে নিয়ে যাওয়ার জন্য তাঁর দ্বারা প্রশিক্ষিত হন, তিনি ওয়াই.এস. এস./এস. আর. এফ. -এর বর্তমান সভানেত্রী ও আধ্যাত্মিক প্রাচার্য্য।

প্রাণশক্তি যাতে নিজের থেকেই রোগ নিরাময় করতে বাধ্য হয়, তারজন্যে যে বিশ্বাস বা ইচ্ছাশক্তি কিম্বা কল্পনার দরকার হয়, তাকে অর্জন করতে হলে চাই চেষ্টা আর মনোযোগ। ফলের জন্য বাসনা বা আকাঙ্ক্ষা প্রকৃত বিশ্বাসের শক্তিকে দুর্বল করে দেয়। মানুষ যদি তার ইচ্ছা ও বিশ্বাসকে প্রয়োগ না করে, তাহলে প্রাণশক্তি ঘুমিয়ে পড়ে বা নিষ্ক্রিয় হয়ে থাকে।

যে সমস্ত রোগী দীর্ঘকালধরে কঠিন পীড়ায় আক্রান্ত, তাদের দুর্বল ইচ্ছা, বিশ্বাস বা কল্পনাশক্তিকে পুনরায় জাগ্রত করতে অনেক সময়ের দরকার হয়। কেননা রোগের চিন্তা অতি সূক্ষ্মভাবে তাদের মস্তিষ্কের কোষে দাগ কেটে কেটে বসে যায়। রোগ নিয়ে চিন্তা করার কু-অভ্যাস গড়ে উঠতেও যেমন সময় লাগে, তেমনি স্বাস্থ্য চেতনার সু-অভ্যাস গড়ে তুলতেও যথেষ্ট সময়ের দরকার হয়।

আপনি যদি একদিকে সঙ্কল্প করে বলেন, 'আমি ভাল আছি' আর অন্যদিকে মনে মনে চিন্তা করেন যে যা বলছেন তা সত্য নয়, তাহলে ফলাফল কিন্তু হবে অনেকটা সেই উপকারী ওষুধ খাবার সাথে সাথে তারই বিপরীত প্রতিক্রিয়া সৃষ্টিকারী ওষুধ পান করার মত। যখন

চিন্তাশক্তিকে ওষুধরূপে প্রয়োগ করতে যাবেন, তখন মনে রাখবেন—অশুভ চিন্তা যেন শুভ চিন্তার ফলকে বিনষ্ট করতে না পারে। তাই সক্রিয়তা ও সাফল্য পেতে হলে ইচ্ছাশক্তি দিয়ে চিন্তাকে এমনভাবে পুষ্ট করে তুলতে হবে যাতে তা যাবতীয় বিপরীত চিন্তাকে প্রতিহত করতে পারে।

সঙ্কল্পের অন্তর্নিহিত শক্তি—সত্যতা

চিন্তাকে আগে ভালভাবে বুঝতে হবে এবং সঠিকভাবে প্রয়োগ করতে হবে; তবেই তা কার্যকরী হতে পারে। কোন একটা ভাবনা প্রথমে অপরিশোধিত বা অপরিণত রূপ নিয়ে মানুষের মনে উদিত হয়। গভীরভাবে বিচার বিবেচনার পরই তাদের আত্মস্থ করা উচিত। যে চিন্তার পেছনে আত্মিক প্রত্যয় নেই, সেই চিন্তার কোন মূল্যও নেই। তাই দেখা যায় অন্তর্নিহিত সত্যকে হৃদয়ঙ্গম না করেই যখন কেউ সঙ্কল্পকে প্রয়োগ করতে যায়—সেই সত্য যা হলো ঈশ্বরের সঙ্গে মানুষের অবিচ্ছিন্ন ঐক্য—তা যখন সুফল দিতে ব্যর্থ হয়, তখন সেই মানুষই অভিযোগ করে বলে ঃ চিন্তার মধ্যে কোন আরোগ্যপ্রদায়ী ক্ষমতাই নেই।

৩। দেহ, মন ও আত্মার নিরাময়করণ

নশ্বর দেহধারী মানুষ ত্রিবিধ সত্তার অধিকারী হয়ে থাকে। সে যাবতীয় যাতনা থেকে মুক্তি পেতে চায়। তার প্রয়োজন হলো ঃ

(১) শারীরিক ব্যাধির নিরাময়;

(২) ভয়, ক্রোধ, কু-অভ্যাস, ব্যর্থতার ভাবনা, উদ্যোগ ও আস্থার অভাব ইত্যাদি দৈহিক বা মানসিক ব্যাধি থেকে নিরাময় লাভের জন্য আগ্রহ;

(৩) অমনোযোগ, উদ্দেশ্যহীনতা, বৌদ্ধিক অহমিকা, গোঁড়ামি, নাস্তিক্য, জীবনের বৈষয়িক দিক নিয়েই তৃপ্তি, জীবনবিধি ও নিজের দিব্যত্ব সম্বন্ধে মানুষের অজ্ঞতা—এই সমস্ত আত্মিক ব্যাধি থেকে মুক্তিলাভ।

মনে রাখতে হবে যে, এই ত্রিবিধ ব্যাধিকে প্রতিরোধ ও নিরাময়করণের জন্য প্রত্যেকটির ওপরই সমান গুরুত্বদান করা একান্তই আবশ্যক।

অথচ অধিকাংশ মানুষই কিন্তু দেহবিষয়ক ব্যাধির প্রতিই বেশি মনোযোগ দেয় যেহেতু একে ধরাছোঁয়া যায়, আর অনুভবও করা যায়। তারা কিন্তু বুঝতে চায় না যে দুশ্চিন্তা, অহমিকা ইত্যাদি মানসিক বিপর্যয় এবং জীবনের দিব্য তাৎপর্য সম্বন্ধে আত্মিক অজ্ঞতাই মানুষের যাবতীয় দুঃখের প্রকৃত কারণ।

তাই মানুষ যখন অসহিষ্ণুতা, ক্রোধ, ভয় প্রভৃতি মানসিক রোগ-বীজাণুকে ধ্বংস করতে, আত্মাকে অবিদ্যা থেকে মুক্ত করতে শিখবে, তখন আর সে দৈহিক ব্যাধি বা মানসিক অভাব থেকে কষ্ট পাবে না।

শারীরিক ব্যাধি প্রতিরোধের উপায়

দৈহিক ব্যাধি থেকে রক্ষা পাবার উপায় হলো—ঈশ্বরসৃষ্ট প্রাকৃতিক নিয়মকে মেনে চলা।

অতিরিক্ত ভোজন করবেন না। বেশিরভাগ মানুষ খাদ্যবস্তুর প্রতি লোভের কারণে এবং সঠিক পথ্য বিষয়ে জ্ঞানের অভাবে মারা যান।

ঈশ্বরের স্বাস্থ্যবিধি মেনে চলুন। শারীরিক সুস্বাস্থ্যের

চেয়েও মনকে পবিত্র রাখা অনেক বড় বিষয় হলেও দেহকে অবজ্ঞা করা উচিত নয়, কারণ দেহের গুরুত্বও যথেষ্ট। তবে এমন কঠিন নিয়মে নিজেকে আবদ্ধ করে ফেলবেন না যাতে করে অভ্যাসের সামান্য বিচ্যুতি আপনাকে বিপর্যস্ত করে তুলতে পারে।

জৈবশক্তি সংরক্ষণ বিদ্যা আয়ত্ব করে দেহের ক্ষয় প্রতিরোধ করুন এবং যোগদা সৎসঙ্গ সোসাইটি প্রদত্ত ব্যায়াম অনুশীলন করে দেহকে অফুরন্ত প্রাণপ্রবাহে ভরিয়ে রাখুন।

যোগ্য খাদ্য আহার করে ধমনীর কাঠিন্যকে প্রতিরোধ করুন।

হৃৎপিণ্ডের ওপর অতিরিক্ত কাজের বোঝা চাপাবেন না; ভয় এবং ক্রোধ তাকে ভারযুক্ত করে তোলে। যোগদা সৎসঙ্গ প্রক্রিয়া অনুসরণ করে হৃৎপিণ্ডকে বিশ্রাম দিন এবং মনকে শান্ত রাখার অভ্যাস গড়ে তুলুন।

হৃৎপিণ্ডের নিলয় (ventricles) দুটি; এই নিলয় দু'টি দিয়ে হৃৎপিণ্ডের প্রতিটি সঙ্কোচনের সাথে সাথে চার আউন্স পরিমাণ রক্ত নির্গত হয়। এই হিসাব অনুযায়ী যে পরিমাণ রক্ত প্রতি মিনিটে হৃৎপিণ্ড থেকে নিঃসরিত হয়

তার ওজন হলো আঠারো পাউণ্ড। তাহলে প্রতিদিন নির্গত হয় প্রায় বারো টন এবং বছরে চার হাজার টন। সুতরাং এই সংখ্যা থেকেই আমরা বুঝতে পারছি—হৃৎপিণ্ডকে কি অসম্ভব রকম কাজ করে যেতে হয়।

অনেকে মনে করেন হৃৎপিণ্ডের যখন ডায়াস্টোলিক (diastolic) প্রসারণ ঘটে তখনই সে বিশ্রাম পায় এবং এই সময়টা দিনে মোট ন'য় ঘণ্টার মত। এই সময়টাকে কিন্তু আমরা প্রকৃত বিশ্রামকাল বলতে পারি না। কেননা ঐ সময়ের মধ্যেই হৃৎপিণ্ড সিস্টোলিক (systolic) প্রসারণের জন্য নিজেকে প্রস্তুত করে নেয়। নিলয়গুলির সঙ্কোচনজনিত যে কম্পনের সৃষ্টি হয় তা ঐ স্বল্প অবকাশের মধ্যেই প্রতিক্ষিপ্ত হয়ে হৃৎপিণ্ডের কোষে কোষে ছড়িয়ে যায়। সুতরাং হৃৎপিণ্ড কখনই বিশ্রাম পায় না।

দিনরাতধরে এই যে শক্তির ব্যয় হচ্ছে তাতে স্বাভাবিকভাবেই হৃৎপিণ্ডের পেশীগুলির ক্ষয় হচ্ছে। তাই স্বাস্থ্য বজায় রাখতে হলে ঐ সব পেশীগুলির বিশ্রাম পাওয়া খুবই জরুরী। সচেতনভাবে নিদ্রার নিয়ন্ত্রণ, ইচ্ছামত ঘুমিয়ে পড়া বা জেগে ওঠা—এ'গুলি হলো

যোগ শিক্ষার অঙ্গ এবং এর সাহায্যে মানুষ হৃৎস্পন্দনকে নিয়ন্ত্রণ করতে পারে। সচেতনভাবে মানুষ যখন হৃৎপিণ্ডের গতিকে চালনা করে, তখন মৃত্যু তার নিয়ন্ত্রণাধীন হয়। নিদ্রার মাধ্যমে দেহ যে বিশ্রামলাভ ও পুনঃশক্তি সঞ্চয় করে, তা হলো "সচেতন নিদ্রাকালে" যখন হৃৎপিণ্ড পর্যন্ত বিশ্রাম পায়, তখন যে আশ্চর্য শান্তি ও শক্তি পাওয়া যায়, তার এক ক্ষীণ প্রতিফলন মাত্র।

সেণ্ট পল বলেছেন ঃ "আমাদের প্রভু যীশু খ্রিস্টে তোমাদের বিষয়ে যে শ্লাঘা লাভ করি তা থেকে হলফ করে ঘোষণা করতে পারি ঃ আমি প্রতিদিন মরিতেছি।"* অর্থাৎ কূটস্থ চৈতন্যলাভে যে পবিত্র শান্তি আসে তাতে হৃৎপিণ্ড বিশ্রাম পায় বা স্তব্ধ হয়ে যায়। বাইবেলে এমন বহু উক্তি আছে যা থেকে বোঝা যায়—প্রাচীন ঋষিরা বিজ্ঞানসম্মত ধ্যান সাধনা বা একমুখী ঈশ্বরভক্তির সাহায্যে হৃদয়কে বিশ্রাম দেবার মহাজ্ঞানের অধিকারী ছিলেন।

পাঞ্জাবের মহারাজা রণজিৎ সিংহের আদেশে, নিয়ন্ত্রিত পরীক্ষার জন্যে, ভারতবর্ষে 1837 সালে সাধু হরিদাস নামে

---

* *করিন্থিয়ান্স* 15:31 (বাইবেল)।

এক বিখ্যাত ফকিরকে মাটির তলায় কবর দেওয়া হয়। সর্বক্ষণ ফৌজি পাহারায়, প্রাচীরবেষ্টিত একটি স্থানে, যোগী মহারাজ চল্লিশ দিন ধরে সমাধিস্থ হয়ে থাকেন। নির্দ্দিষ্ট সময় অতিক্রান্ত হবার পর, রাজদরবারের বিশিষ্ট ব্যক্তিবর্গ, লণ্ডনের কর্নেল স্যার সি. এম. ওয়েড এবং স্থানীয় কিছু ইংরেজের সামনে তাঁকে মাটি থেকে তোলা হয়। উত্থিত হবার পর সাধু হরিদাসের শ্বাসপ্রশ্বাস আবার চালু হয় এবং তিনি স্বাভাবিকভাবে জীবনযাপন করতে থাকেন। এরও আগে জম্মু-কাশ্মীরের রাজা ধ্যান সিংহের পরীক্ষা স্বীকার করে সাধু হরিদাস চার মাস ধরে মাটির নীচে শায়িত ছিলেন। হৃৎপিণ্ডের নিয়ন্ত্রণ এবং তাকে স্তব্ধ করে রাখার বিদ্যা তিনি আয়ত্ব করেছিলেন।

মানসিক ব্যাধি প্রতিরোধের উপায়

ঈশ্বরের মধ্যেই শান্তি এবং বিশ্বাস খুঁজে পাবার চেষ্টা করুন। মন থেকে যাবতীয় অশান্তিদায়ক চিন্তাকে মুছে ফেলে তাকে প্রেমে ও আনন্দে ভরিয়ে তুলুন। দৈহিক রোগমুক্তির চেয়েও মানসিক রোগমুক্তির গুরুত্বকে

উপলব্ধি করুন। যাবতীয় কু-অভ্যাসকে ত্যাগ করুন, কারণ তারাই জীবনকে বিষাদময় করে তোলে।

আত্মিক ব্যাধির প্রতিরোধ

এই দেহ নশ্বর এবং তা পরিবর্তশীল—এইরকম চেতনাকে বিতাড়িত করে দেহকে আধ্যাত্মিকতামণ্ডিত করুন। দেহ হলো কম্পনের জড়রূপ এবং তাকে সেইভাবেই দেখা উচিত। ব্যাধি, ক্ষয় এবং মৃত্যুর চিন্তাকে, জড় ও আত্মার অন্তর্নিহিত একীকরণ সূত্র এবং আত্মাকে জড়পদার্থ ও অনন্তকে সান্ত—এই প্রমাদাত্মক ধারণা-গুলিকে বিজ্ঞানসম্মত উপলব্ধির সাহায্যে দূর করতে হবে। দৃঢ়ভাবে বিশ্বাস করুন যে আপনি ঈশ্বরের প্রতিমূর্তিরূপে সৃষ্ট এবং সেই কারণে আপনি অমর ও পূর্ণ।

বিজ্ঞান একথা প্রমাণ করেছে যে কোন বস্তুকণা বা কোন একটি শক্তি তরঙ্গকে পর্যন্ত বিনষ্ট করা যায় না। একইভাবে জীবাত্মা বা মানুষের আত্মিক সত্তাকেও বিনষ্ট করা যায় না। ভৌত পদার্থে পরিবর্তন ঘটে; জীবাত্মাও নানাবিধ পরিবর্তনশীল অভিজ্ঞতার সম্মুখীন হয়। যা

মূলগত পরিবর্তন ঘটায় তাকেই আমরা মরণ বলি; কিন্তু আকৃতিগত পরিবর্তন বা মৃত্যু, আত্মিক সত্তাকে বিনাশ বা পরিবর্তন করতে পারে না।

একাগ্রতা এবং ধ্যানসাধনার বহুরকম পদ্ধতি প্রচলিত থাকলেও যোগদা সৎসঙ্গ প্রদর্শিত প্রক্রিয়াই সবথেকে কার্যকরী। একাগ্রতা ও ধ্যানসাধনা যে শান্তি ও সুস্থিরতা নিয়ে আসে, তাকে দৈনন্দিন জীবনে প্রয়োগ করুন। নানারকম কঠিন পরিস্থিতির মধ্যেও ভারসাম্যতা বজায় রাখুন। কখনো প্রবল আবেগের হাতে নিজেকে সঁপে দেবেন না। প্রতিকূল ঘটনাবলীর মধ্যেও নিজে অনড় হয়ে থাকুন।

আরোগ্যদায়ী পদ্ধতিসমূহের মূল্যায়ণ

সাধারণতঃ বাহ্যিক বস্তুগত কারণ থেকে রোগের উৎপত্তি হয় বলে মনে করা হয়ে থাকে। খুব অল্প লোকেই বোঝে যে, ভেতরে প্রাণশক্তি নিষ্ক্রিয় হয়ে পড়লে পর তবেই রোগের আবির্ভাব হয়। যখন প্রাণশক্তি বহণকারী টিস্যু বা কোষগুলি মারাত্মকভাবে ক্ষতিগ্রস্ত হয়, তখন সেই জায়গা থেকে প্রাণশক্তি চলে যায়; ফলে নানারকম

বিপত্তির সূত্রপাত হয়। ওষুধ, ম্যাসাজ, তড়িৎ কেবলমাত্র কোষগুলিকে উদ্দীপ্ত করে যাতে প্রাণশক্তি আবার ফিরে আসে এবং মেরামতি ও পরিচর্যার কাজ শুরু করে।

ব্যক্তিগত বিশ্বাস অনুযায়ী যে পদ্ধতিতে আরোগ্য সম্ভব বলে মনে হবে, তাকেই আমাদের গ্রহণ করা উচিত— কোনরকম জোরাজুরি করা উচিত নয়। রক্ত এবং কোষের ওপর ওষুধ এবং খাদ্যের অবশ্যই কিছু নির্দ্দিষ্ট রাসায়ণিক বিক্রিয়া হয়। যতক্ষণ কেউ ভোজন করে, ততক্ষণ কেন সে অস্বীকার করবে যে ওষুধ এবং অন্য জড় পদার্থেরও শরীরের ওপর কার্যকর প্রভাব বিস্তারের ক্ষমতা আছে। বস্তুচেতনা যতক্ষণ মানুষের মনে সর্বাগ্রে থাকে ততক্ষণ তারা উপকারে আসে। তবে তাদেরও একটা সীমাবদ্ধতা আছে কেননা সেগুলি বাইরে থেকে প্রয়োগ করা হয়। তাকেই আমরা শ্রেষ্ঠ পদ্ধতি বলব যা প্রাণশক্তিকে আভ্যন্তরীণ রোগ নিরাময়ের কাজ পুনরায় শুরু করতে সাহায্য করে।

ওষুধ, রাসায়ণিক দিক থেকে রক্ত ও কোষকে হয়ত সহায়তা করতে পারে। তেমনি বৈদ্যুতিক যন্ত্রপাতিরও হয়ত উপকারিতা আছে। তবে ওষুধ বা বৈদ্যুতিক

যন্ত্রপাতিতে রোগমুক্তি ঘটে না; তারা বড়জোর প্রাণশক্তিকে, উপেক্ষিত রোগগ্রস্ত দেহাংশে ফিরে আসতে উদ্দীপ্ত বা প্রলুব্ধ করতে পারে। যদি আমরা কোনভাবে প্রাণশক্তিকে সরাসরি ব্যবহার করতে পারি, তাহলে বাইরে থেকে প্রযুক্ত ওষুধ, বৈদ্যুতিক যন্ত্রপাতি বা অন্যান্য অন্তর্বর্তী সহায়তা অবাঞ্ছনীয় বলেই মনে হবে।

জড়বিষয়ে প্রয়োগযোগ্য ঈশ্বরীয় বিধি

খোসপাঁচড়া, ক্ষত, কাটাছেঁড়া ইত্যাদির ক্ষেত্রে মলম লাগালে হয়ত উপকার হতে পারে। যদি আপনার হাত বা পা ভেঙ্গে গিয়ে থাকে তাহলে একজন শল্য চিকিৎসক (যিনি ঈশ্বরপুত্র বলে ঈশ্বরের প্রতিভূ হিসাবে সেবা করতে সক্ষম) নিজের দক্ষতা এবং জড় বিষয়ে প্রযুক্ত ঈশ্বরীয় বিধি সম্বন্ধীয় জ্ঞান প্রয়োগ করে, ভাঙ্গা জায়গাটা আবার জুড়ে দিতে পারেন। সেক্ষেত্রে স্থানচ্যুত হাড় জোড়ার জন্যে প্রাণশক্তির সাহায্য চাওয়ার কোন অর্থই হয় না। যদি মনের জোরে সঙ্গে সঙ্গে ভাঙ্গা জুড়ে দিতে পারেন তাহলে তো খুবই ভাল হয় এবং নিশ্চয়ই তা করবেন।

তবে সেই ক্ষমতা যতদিন না অর্জন করছেন ততদিন অপেক্ষা করাও বুদ্ধিমানের কাজ হবে না।

উপবাস, ম্যাসাজ, অস্টিওপ্যাথিক (osteopathic) চিকিৎসা, কশেরুকা বা মেরুদণ্ডের বিচ্যুত অস্থিসন্ধিকে পুনঃযোজন (chiropractic adjustment of the vertebrae), যোগাসন ইত্যাদি ব্যবস্থা প্রয়োগ করে আমরা হয়ত স্নায়ু বা মেরুদণ্ডের অস্থিসন্ধির রক্তাধিক্যজনিত পীড়া দূর করতে বা উপশম করতে পারি এবং সেই সঙ্গে প্রাণশক্তির বাধাহীন প্রবাহের পথও সুগম করতে পারি।

প্রাণশক্তির উপর কর্তৃত্ব অর্জন করা

অন্যদিকে দৈহিক ব্যাধি নিরাময়ের যাবতীয় ভৌত পদ্ধতি থেকে মনের জোরে আরোগ্য অনেক ভাল, কেননা ইচ্ছা, কল্পনা, বিশ্বাস এবং যুক্তি হলো চেতনারই বিভিন্ন অবস্থা যা প্রত্যক্ষ এবং সরাসরিভাবে ভেতর থেকে কাজ করে যায়। এরাই হলো সেই চালিকা শক্তি, যা কোন নির্দ্দিষ্ট কাজকে সাফল্যমণ্ডিত করার জন্যে প্রাণশক্তিকে উদ্দীপ্ত ও পরিচালিত করে থাকে।

অটোসাজেসান্স বা সম্মোহিত ব্যক্তি কর্তৃক বিচিত্র তথ্য জ্ঞাপন ও বিবিধ সঙ্কল্প, প্রাণশক্তিকে উত্তেজিত করার ব্যাপারে খুবই কার্যকরী হয়; তবে, অনুশীলনকারীরা প্রায়শঃই সচেতনভাবে প্রাণশক্তির সঙ্গে সহযোগিতা না করে এই বিশুদ্ধ মানসিক প্রক্রিয়াটিকে প্রয়োগ করে থাকেন। ফলে তাঁরা শারীরবৃত্তীয় সংযোগস্থাপনে ব্যর্থ হন এবং অভীষ্ট ফললাভ করতেও সবসময় সক্ষম হন না। প্রাণশক্তিকে পরিচালনা ও তাকে অতিমানস চেতনায় পৌঁছবার জন্যে শরীর-মনোগত প্রক্রিয়ার সঙ্গে যদি ইচ্ছা, বিশ্বাস ও যুক্তির ক্ষমতাকে যুক্ত করা যায়, তাহলে আরোগ্যলাভ সুনিশ্চিত হয়। এমনি একটা ব্রহ্মানন্দময় অবস্থায় মানুষ জড় ও আত্মার অবিচ্ছিন্ন ঐক্যকে উপলব্ধি করে এবং অসঙ্গতিজনিত যাবতীয় সমস্যার সমাধান করতে সক্ষম হয়।

শরীরের যে কোন অঙ্গে প্রকৃত অর্থে কম্পমান প্রাণশক্তিকে চালনা করার প্রয়োগবিদ্যা যোগদা সৎসঙ্গের শিক্ষাবলী থেকে পাওয়া যায়। এই প্রক্রিয়ার সাহায্যে অন্তঃপ্রবাহী মহাজাগতিক কম্পমান শক্তিকে নিশ্চিতভাবে যে কেউ অনুভব করতে পারে।

৪। সৃষ্টির প্রকৃতি

আমরা যেভাবে চিন্তা করে থাকি জড় বস্তুর অবস্থান কিন্তু ঠিক সে'রকম হয় না; তবে একথা সত্যি যে মহাজাগতিক মায়ারূপে সে অবশ্যই বিরাজ করে। এই মায়া থেকে মুক্ত হবার জন্যে চাই সুনির্দ্দিষ্ট প্রক্রিয়া। মাদকদ্রব্য সেবনকারীকে মুহূর্তের মধ্যে ভাল করে তোলা সম্ভব নয়। মায়া-বিধির কারণে বস্তুগত চেতনা মানুষকে অধিকার করে বসে। তাই এর বিরুদ্ধবাদ অর্থাৎ সত্যকে না জানলে কিছুতেই একে ত্যাগ করা যায় না।

আত্মা, নানারকম জড় পরিবর্তনের মধ্যে দিয়ে বস্তুতে পরিণত হয়। তাই বস্তু তার উৎপত্তির কারণ আত্মা থেকে কিছুতেই পৃথক হতে পারে না। বস্তু হলো আত্মার আংশিক প্রকাশ—তাই অসীমকে সসীম, অনন্তকে সান্ত বলে বোধ হয়। কিন্তু যেহেতু বস্তু হলো আত্মারই এক প্রপঞ্চময় প্রকাশ, তাই বাস্তবে জড়ের অস্তিত্ব বলে কিছুই নেই।

চেতনা এবং জড়বস্তু

সৃষ্টির আদিতে পরমাত্মা, যিনি ছিলেন অপ্রকাশ, তিনি দু'টি ভিন্ন প্রকৃতিতে—চৈতন্য ও জড় রূপে নিজেকে প্রকটিত করলেন। এরা হলো তাঁরই দু'টি কম্পনশীল প্রকাশ। চৈতন্য ও জড়বস্তু হলো একই নির্জ্ঞেয় পরমাত্মার সূক্ষ্ম ও স্থূল কম্পন মাত্র।

চৈতন্য হলো পরমাত্মার উদ্দেশ্যরূপ, আর জড় হলো তাঁরই বিষয়গতরূপের কম্পন। মহাজাগতিক চেতনারূপে পরমাত্মা বিষয়গত কম্পনশীল বস্তুতে কার্যকরীরূপে অর্ন্তলীন থাকেন, এবং সৃষ্টলোকের সর্বভূতে চৈতন্যরূপে অবস্থান করে নিজেকে উদ্দেশ্যগতভাবে প্রকাশিত করে থাকেন। এই প্রকাশেরই সর্বোচ্চ রূপ দেখা যায় মানব মনে—যা চিন্তা, অনুভূতি, ইচ্ছা, কল্পনা প্রভৃতি অগণিত শাখা-প্রশাখায় নিজেকে প্রসারিত করে থাকে।

জড় ও আত্মার মধ্যে পার্থক্য হলো তাদের কম্পনের হার। এটি কোন মৌলিক গুণের পার্থক্য নয়—মানের প্রভেদমাত্র। নিম্নলিখিত উদাহরণটি অনুধাবন করলে বিষয়টি আরও স্পষ্ট হবে। গুণগত দিক থেকে সব কম্পন

একরকমের হলেও, প্রতি সেকেণ্ডে 16 থেকে 20,000 পর্যন্ত যে শব্দের কম্পাঙ্ক, তাকে মানুষ নিজের কানে শুনতে পায়। কিন্তু 16'র নীচে বা 20,000-এর ওপরের কম্পন সাধারণতঃ সে শুনতে পায় না। শ্রুত এবং অশ্রুত কম্পনের মধ্যে মূলতঃ কোন পার্থক্য না থাকলেও, তাদের মধ্যে একটা আপেক্ষিক তফাৎ অবশ্যই আছে।

ঈশ্বর মায়াশক্তির সাহায্যে জড়বস্তুকে এমনভাবে সৃষ্টি করেছেন যাতে মানুষ তাদের প্রত্যেকটিকে সুনির্দ্দিষ্ট এবং আলাদা বৈশিষ্ট্যপূর্ণ বলে মনে করে; আত্মার সঙ্গে তার যে কোনরকম সম্বন্ধ আছে সে'কথা মানুষ ভাবতেই চায় না।

সবচেয়ে সূক্ষ্মতম কম্পন হলো চিন্তা

রক্তমাংসের স্থূল কম্পনের মধ্যেই রয়েছে মহাজাগতিক প্রবাহের সূক্ষ্ম কম্পন অর্থাৎ প্রাণশক্তি। আর ঐ রক্তমাংস এবং প্রাণশক্তি—উভয়ের মধ্যেই পরিব্যাপ্ত হয়ে আছে সবচেয়ে সূক্ষ্মতম কম্পন, যাকে আমরা চৈতন্য বলি।

এই চৈতন্যের কম্পন এতই সূক্ষ্ম যে, কোন পার্থিব যন্ত্রপাতিতে তাকে ধরা যায় না। একমাত্র চৈতন্যের দ্বারাই

চৈতন্যের অনুধাবন করা যায়। নানা মানুষের মধ্যে থেকে কত বিচিত্র রকমের চৈতন্য-কম্পনের যে উৎপত্তি ঘটছে সে'কথা মানুষমাত্রেই জানে। এই কম্পনকে তারা প্রকাশ করছে বাক্যে, কাজে, দৃষ্টিতে, অঙ্গভঙ্গী, নীরবতা, মনোভাব ইত্যাদি নানারকমভাবে।

প্রত্যেক মানুষের মধ্যে তার নিজস্ব চৈতন্যাবস্থার একটা বিশিষ্ট অনুকম্পন রয়েছে এবং তার সেই চরিত্রগত প্রভাব সে ব্যক্তি ও বস্তুর ওপর প্রসারিত করে থাকে। যেমন ধরুন, মানুষ যে ঘরে বাস করে সেখানে তার চিন্তার কম্পন ছড়িয়ে থাকে। যে কেউ সেটা স্পষ্টভাবে বুঝতে পারে যদি সে উপযুক্ত অনুভূতিসম্পন্ন হয়।

মানুষের অহংবোধ (তার অহমিকা; অবিনশ্বর আত্মার বিকৃত নশ্বর প্রতিফলন) সরাসরি চৈতন্যকে বুঝতে পারে; তাছাড়া তা পরোক্ষভাবে জড়বস্তুকেও (মানবদেহ এবং সৃষ্ট জগতের যাবতীয় পদার্থ) মানসিক চিন্তাধারা এবং ইন্দ্রিয়ানুভূতির মাধ্যমে জানতে পারে। অর্থাৎ অহংবোধ সবসময় জানে যে তার ভেতর চৈতন্য রয়েছে। কিন্তু যতক্ষণ না চিন্তাভাবনা করছে ততক্ষণ অহম্ কোন

জড়পদার্থকে, এমনকি যে দেহে সে অবস্থান করছে, তাকে পর্যন্ত সে জানতে পারে না। তাই মানুষ যখন কোন বিষয়ে গভীরভাবে চিন্তামগ্ন থাকে, তখন তার মানসিক সচেতনতা থাকলেও দেহচেতনা থাকে না।

স্বপ্নাবস্থায় মানুষের অভিজ্ঞতা

জাগ্রত অবস্থায় মানুষ যে সমস্ত অভিজ্ঞতা সঞ্চয় করে, তার সবকিছুকেই সে চৈতন্যের স্বপ্নাবস্থাতেও আবার রচনা করতে পারে। যেমন ধরুন একজন মানুষ স্বপ্নের ঘোরে দেখলো যে খুব আনন্দ করতে করতে সে একটা চমৎকার বাগানে ঘুরে বেড়াচ্ছে। হঠাৎ সেখানে সে তার বন্ধুর মৃতদেহকে দেখতে পেলো। তারফলে সে শোকে মুহ্যমান হয়, চোখ থেকে জল পড়তে থাকে, মাথায় যন্ত্রণা হতে থাকে এবং হৃৎপিণ্ডে বেদনাবোধ করে। সেইসময় হঠাৎ ঝড়বৃষ্টি শুরু হওয়ায় সে ভিজে যায় এবং ঠাণ্ডা অনুভব করতে থাকে। তাতে করে তার ঘুম ভেঙ্গে যায় এবং ঐ কাল্পনিক স্বপ্নের কথা ভেবে সে নিজেই হাসতে থাকে।

একজন স্বপ্নদ্রষ্টা মানুষের অভিজ্ঞতা (জড় বস্তুর অভিজ্ঞতা, যার উদাহরণ হল তার নিজের এবং বন্ধুর দেহ, বাগান ইত্যাদি; আর চৈতন্য-অভিজ্ঞতা, যার প্রকাশ তার নিজস্ব দুঃখ ও শোকানুভূতি) এবং জাগ্রত অবস্থায় সেই একই মানুষের সঞ্চিত অভিজ্ঞতার মধ্যে পার্থক্য কোথায়? উভয় ক্ষেত্রেই জড় ও চৈতন্য বিষয়ক জ্ঞান বর্তমান থাকে।

অতএব দেখা যাচ্ছে—কোন কাল্পনিক স্বপ্নালোকে মানুষ জড় ও চেতনা—দু'য়েরই সৃষ্টি করতে পারে। সুতরাং তার পক্ষে এটা অনুধাবন করা আদৌ কষ্টসাধ্য হবে না যে, আত্মাই মায়া-শক্তিকে প্রয়োগ করে মানুষের জন্যে 'প্রাণে'র বা সচেতন অস্তিত্বের স্বপ্নজগৎ রচনা করছে, যা প্রকৃতপক্ষে তার স্বপ্ন দেখার অভিজ্ঞতার মতই অসত্য (যেহেতু তা ক্ষণস্থায়ী, সদা পরিবর্তনশীল)।

মায়া বা মহাজাগতিক প্রপঞ্চ

'মায়া' হলো দ্বৈত বা বৈপরীত্য অবস্থার ফলশ্রুতি; এই লৌকিক জগৎ হলো ঐ মায়ারই বশ। সুতরাং এটি এক

অবাস্তব জগৎ, যা স্বর্গীয় একতা ও অপরিবর্তনশীলতার সত্যকে আবৃত করে রাখে। নিজেকে নশ্বর দেহীজ্ঞান করে মানুষ দ্বৈত ও বৈসাদৃশ্যের যেমন জীবন-মৃত্যু, স্বাস্থ্য-ব্যাধিগ্রস্ততা, সুখ-দুঃখ—এ'সবের স্বপ্ন দেখে। কিন্তু যখন সে আত্মচৈতন্যে জেগে ওঠে, তখন তার সব প্রপঞ্চ দূর হয়ে যায়, এবং নিজেকে সে এক শাশ্বত আনন্দময় আত্মা রূপে জানতে পারে।

বিপথগামী মানবের প্রয়োজনসমূহ

বিপথগামী মানুষের জন্য মানসিক এবং ডাক্তারী—দু'রকম সহায়তারই জরুরী প্রয়োজন। ভৌত সহায়তার চেয়ে মন যে অনেক বড়—সে'কথা অনস্বীকার্য। সেই-সঙ্গে খাদ্য, ভেষজ পদার্থ এবং ওষুধেরও যে সীমাবদ্ধ ক্ষেত্রে নিরাময়দানের ক্ষমতা আছে—সে'কথাও আমরা অস্বীকার করতে পারি না। মনোগত প্রক্রিয়া প্রয়োগ করার সময়েও আরোগ্যদায়ী যাবতীয় ভৌত ব্যবস্থাকে কিছুতেই তাচ্ছিল্য করা উচিত নয়, কারণ সেই ব্যবস্থাও গড়ে উঠেছে ঈশ্বরেরই সৃষ্ট ভৌতবিধানের অনুসন্ধানের মাধ্যমে।

দেহসম্বন্ধীয় ভৌত চেতনা যতক্ষণ মানুষের আছে, ততক্ষণ ওষুধের ব্যবহার সম্পূর্ণ বাতিল করা উচিত নয়। তবে অবস্তু থেকে তার দেহের উৎপত্তি বিষয়ক চেতনা মানুষের ভেতর যত বাড়তে থাকবে ততই ওষুধের আরোগ্যদায়ী ক্ষমতার প্রতি বিশ্বাসও তার কমতে থাকবে। সে তখন দেখতে পাবে—যাবতীয় রোগের উৎপত্তি হয় মনে।

"প্রজ্ঞাই সর্বশ্রেষ্ঠ শুদ্ধিকারক"

আমার গুরুমহারাজ স্বামী শ্রীযুক্তেশ্বরজী কখনই ওষুধের অপ্রয়োজনীয়তার কথা বলতেন না। তবে তিনি তাঁর অনেক শিষ্যের চেতনাকে এমনভাবে শিক্ষিত ও ব্যাপ্ত করে দিয়েছিলেন যে, অসুস্থ হলে পর তারা আরোগ্যের জন্য কেবলমাত্র মানসিক শক্তির ওপরই নির্ভর করতেন। গুরুদেব প্রায়ই বলতেন ঃ "প্রজ্ঞাই সর্বশ্রেষ্ঠ শুদ্ধিকারক।"

প্রাচ্যে এবং পাশ্চাত্যে এমন বহু মানুষ আছেন যারা গোঁড়ামি করে বস্তুর অবস্থিতিকেই অস্বীকার করেন। অথচ তারা দেহচেতনার সঙ্গে এমনভাবে আবদ্ধ যে,

একবেলা আহারের অভাব ঘটলে নিজেদের মৃতপ্রায় বলে ভাবতে থাকেন।

যে উপলব্ধি ঘটলে মানুষের দেহ ও মন, জীবন ও মৃত্যু, ব্যাধি ও স্বাস্থ্য সবই অকিঞ্চিৎকর মায়াময় বলে মনে হয়, সেইসব অবস্থার মানুষই বাস্তবিকপক্ষে বলতে পারেন ঃ আমরা বস্তুর অস্তিত্বে বিশ্বাসী নই।

মানবিক ও ঐশ্বরিক চৈতন্য

মায়া প্রভাবে এবং আত্মা বিষয়ক অজ্ঞতার কারণে, মানব চৈতন্য মহাজাগতিক চৈতন্য থেকে বিচ্ছিন্ন হয়ে পড়ে। মানুষের মন যেমন পরিবর্তনশীল তেমনি সীমাবদ্ধ; কিন্তু মহাজাগতিক চৈতন্য সবরকম বাধানিষেধ থেকে মুক্ত বলে কখনই দ্বিত্বের অভিজ্ঞতার সঙ্গে জড়িত হয় না (জীবন ও মৃত্যু, ব্যাধি ও সুস্বাস্থ্য, ক্ষণেক দুঃখ বা আনন্দ ইত্যাদি)। যাদের মন দিব্যভাবে পূর্ণ, তাদের মধ্যে অক্ষয় পরমানন্দ সর্বদাই বিরাজ করে।

এই জড়দেহের মধ্যে অবিরাম চিন্তা ও আবেগের পরিবর্তনজনিত কম্পনের সৃষ্টি হচ্ছে। তা থেকে

মানবচেতনাকে মুক্ত করে অতি সূক্ষ্ম ও স্থায়ী প্রাণশক্তির স্পন্দন এবং ঐ উচ্চ মানবিক অবস্থাকে উপলব্ধি করার জন্যে প্রয়োজন হয় শিক্ষা, সঙ্কল্প, একাগ্রতা ও ধ্যানসাধনা।

অন্তরের দিব্যশক্তিতে বিশ্বাসী হউন

যে সব ব্যক্তির জড়চেতনা খুবই প্রবল, অর্থাৎ যারা জীবাত্মাকে দেহরূপে চিন্তা করতেই অভ্যস্ত, তাদেরকে ধীরে ধীরে বিবিধ বাহ্যিক উপায় ও ঔষধের ওপর নির্ভরতা ত্যাগ করাতে হবে, এবং অন্তরে যে দিব্য শক্তি বিরাজ করছে, তার ওপরই বেশি করে ভরসা রাখতে শেখাতে হবে।

দ্বিতীয় অধ্যায়

অনুশীলনের পদ্ধতি

৫। সঙ্কল্প গ্রহণের প্রথাপ্রকরণ

প্রাথমিক নিয়ম

১। কম্বলের আসনের ওপর 'পদ্মাসনে' অথবা সহজ আড়াআড়িভাবে পা মুড়ে, অথবা হাতলহীন চেয়ারে কম্বল বিছিয়ে, উত্তর বা পূর্ব দিকে মুখ করে বসুন। পৃথিবীর চৌম্বক শক্তি আমাদের মনকে বিষয়মুখী করে তোলে। কম্বল এক্ষেত্রে ঐ শক্তির অপরিবাহী হিসাবে কাজ করে।

২। অন্য কোন নির্দ্দেশ না থাকলে, চোখ বুঁজে সুষুম্নাকাণ্ডে (ঘাড়ের দিকে) মনঃসংযোগ করুন। তলপেট ভেতরে টেনে, বুক চিতিয়ে, শিরদাঁড়াকে সোজা করে বসুন। তিনবার গভীরভাবে শ্বাস গ্রহণ ও ত্যাগ করুন।

৩। এইবার দেহকে আল্‌গা করে স্থির হয়ে বসুন। মনকে যাবতীয় চঞ্চল চিন্তামুক্ত করুন এবং তাকে দেহচেতনা, শীতোষ্ণ, শব্দ ইত্যাদি বিষয় থেকে বিযুক্ত করুন।

৪। আপনার যে বিশেষধরণের আরোগ্যটির প্রয়োজন, তার কথা একদম ভাববেন না।

৫। উদ্বেগ, অবিশ্বাস, দুশ্চিন্তাকে সম্পূর্ণ পরিত্যাগ করুন। শান্তভাবে, বিশ্বাসের সঙ্গে উপলব্ধি করুন যে, ঐশ্বরিক বিধি কাজ করে এবং তা সর্বশক্তিমান। কোন অবিশ্বাস বা সন্দেহকে মনে পোষণ করবেন না। আস্থা এবং একাগ্রতা থাকলে তবেই এই বিধি নির্বিঘ্নে কাজ করতে পারে। সর্বদা মনে রাখবেন—শরীরের যে কোন অবস্থাই পরিবর্তন ও নিরাময়যোগ্য, এবং জটিল পুরাতন ব্যাধির ধারণাটাই ভ্রান্ত।

সময় ঃ সকালবেলায় ঘুম থেকে ওঠার সঙ্গে সঙ্গে অথবা রাত্রিকালে ঘুমের আগে নিদ্রালু অবস্থায় সঙ্কল্পটি জপ করা উচিত। দলবদ্ধ সঙ্কল্পের জন্য যে কোন সময়ই প্রশস্ত।

স্থান ঃ যতদূর সম্ভব চারপাশ নীরব থাকা বাঞ্ছনীয়। যদি শব্দবহুল জায়গায় সমবেত হতেই হয়, তাহলে আওয়াজকে অবজ্ঞা করে ভক্তিভরে নিজের সঙ্কল্পে মনোযোগ দেওয়াই উচিত।

পদ্ধতি ঃ সঙ্কল্প শুরু করার আগে সবসময় মন থেকে যাবতীয় উদ্বেগ ও চাঞ্চল্যকে বিদায় করে দেবেন। সঙ্কল্পটি

স্থির করার পর সব সঙ্কল্পটি প্রথমে জোরে জোরে এবং তারপর ক্রমান্বয়ে আস্তে আস্তে বার বার আবৃত্তি করবেন যতক্ষণ পর্যন্ত না আপনার কণ্ঠস্বরটি মৃদু গুঞ্জনধ্বনিতে পরিণত হচ্ছে। তারপর ঠোঁট বা জিভ না নাড়িয়েই মনে মনে প্রার্থনা জানাতে থাকুন। এইভাবে যতক্ষণ পর্যন্ত না গভীর নিরবচ্ছিন্ন একাগ্রতা আসছে, যা অবশ্যই অচৈতন্য অবস্থা নয়, কিন্তু একরকমের গাঢ় অবিচ্ছিন্ন ধারাবাহিক চিন্তা—ততক্ষণ ঐ সঙ্কল্প পাঠ চলতে থাকুক।

এইরকম করে মনে মনে যদি সঙ্কল্প পাঠ চলতে থাকে এবং আপনি তার আরও গভীরে প্রবেশ করার চেষ্টা করেন, তাহলে আপনি ক্রমশঃ বর্দ্ধিতমাত্রায় শান্তি ও আনন্দ অনুভব করবেন। গভীর একাগ্রতাভাব যখন আসবে তখন আপনার সঙ্কল্প অবচেতনার সঙ্গে মিশে যাবে এবং পরে শক্তি সঞ্চয় করে, অভ্যাসের মাধ্যমে, আপনার চেতন মনকে প্রভাবিত করতে ফিরে আসবে।

যখন আপনি ক্রমবর্দ্ধমান শান্তি অনুভব করবেন তখন আপনার সঙ্কল্প আরও গভীরে, অতিমানসলোকে পৌঁছবে এবং আপনার চেতন মনকে প্রভাবিত করতে ও যাবতীয়

বাসনা পূর্ণ করতে অসীম শক্তি নিয়ে ফিরে আসবে। যদি সন্দেহ না করেন তাহলে এই বিজ্ঞানসম্মত বিশ্বাসের অলৌকিক শক্তিকে আপনি প্রত্যক্ষ করবেনই।

যখন নিজের বা অন্য কারোর শারীরিক বা মানসিক ব্যাধি নিরাময়ের জন্যে অনেকজন মিলে একত্রে কোন প্রার্থনা জানাবেন, তখন দেখতে হবে—সবাই যেন একই সুরে, একইরকম মনের জোর দিয়ে, একাগ্রতা সহকারে, এমনকি একইরকম বিশ্বাস ও শান্তিযুক্ত মনোভাব নিয়ে প্রার্থনা করে।

যারা দুর্বলচেতা, তারা এই সঙ্কল্প থেকে সৃষ্ট সম্মিলিত শক্তিকে দুর্বল করে তুলতে পারে, এমনকি অতিমানস চেতনাভিমুখী ঐ শক্তিপ্রবাহের পথবিচ্যুতিও ঘটাতে পারে। সুতরাং ঐ সময়ে মনকে চঞ্চল হতে দেওয়া বা শরীরকে নড়াচড়া করা মোটেই বিধেয় নয়। সাফল্যলাভের জন্যে দলের সকলের পূর্ণ মনোযোগী হওয়া একান্তই দরকার।

সমবেতভাবে সঙ্কল্প পাঠ করার সময় দলনেতা একটা ছন্দে তা পাঠ করবেন। তারপর শ্রোতারাও, সেই একই কথাগুলি, ঐ একই ছন্দে ও সুরে পাঠ করবেন।

আত্ম-উদ্দীপনাজাত সঙ্কল্প

এই বইখানিতে যে সমস্ত সঙ্কল্প-বীজ দেওয়া হয়েছে, তা সবই আত্ম-উদ্দীপনায় ভরপুর। তাদেরকে অতিমানস শান্তি-ভূমিতে প্রোথিত করে, বিশ্বাস ও একাগ্রতার বারি-সিঞ্চন করতে হবে যাতে তা অন্তরে আপনা-আপনি কম্পন সৃষ্টি করে বীজগুলিকে ফলবতী হতে সাহায্য করতে পারে।

সঙ্কল্প-বীজগুলিকে প্রোথিত করা ও তার থেকে ফললাভ করার সঙ্গে অনেকগুলি পদ্ধতি-প্রকরণ জড়িত। বাঞ্ছিত ফল পেতে হলে, তার বর্দ্ধনের জন্য যাবতীয় শর্তগুলিকে অবশ্যই পূর্ণ করতে হবে। সঙ্কল্প-বীজগুলি জীবন্ত হওয়া চাই। সন্দেহ, চঞ্চলতা বা অমনোযোগিতারূপ ত্রুটি থেকে মুক্ত হওয়া চাই। বীজগুলিকে হৃদয়ে ও মনে একাগ্রতা, ভক্তি ও শান্তির সঙ্গে প্রোথিত করতে হবে এবং তাতে অসীম বিশ্বাস ও গভীর সতেজ জপরূপ বারি-সিঞ্চন করতে হবে।

যন্ত্রের মত একভাবে সঙ্কল্পের পুনরাবৃত্তি করাকে সর্বদা এড়িয়ে চলবেন। বাইবেলের একটি নির্দ্দেশে এই কথাগুলি বলা আছে ঃ "তুমি বৃথা তোমার সদাপ্রভু

ঈশ্বরের নামজপ করবে না।"* গভীর প্রত্যয়, প্রগাঢ়তা ও নিষ্ঠার সঙ্গে সঙ্কল্পের পুনরাবৃত্তি করবেন যতক্ষণ পর্যন্ত না সেই ক্ষমতার অধিকারী হচ্ছেন যার একটি নির্দ্দেশ, অন্তরের একটি প্রবল ইচ্ছাই, আপনার দেহকোষের পরিবর্তন ও আপনার আত্মার দ্বারা অলৌকিক কার্যসম্পাদনের পক্ষে যথেষ্ট হয়।

স্তব করার ক্রমোন্নত পর্যায়

মনে রাখবেন—সঙ্কল্প পাঠ করার সময় উপযুক্ত উচ্চ সুরে পাঠ করতে হবে এবং ক্রমশঃ তাকে কমাতে কমাতে মৃদু গুঞ্জনে পরিণত করতে হবে। সবচেয়ে বড় কথা তার সঙ্গে মনোযোগ ও ভক্তিকে মেশানো চাই। সঙ্কল্পগুলি অভীষ্ট ফলদানে সক্ষম ও সত্য—এই যে চিন্তা, তা ক্রমশঃ শ্রবণ-ইন্দ্রিয় থেকে চেতন মনের উপলব্ধিতে এবং সেখান থেকে অবচেতন বা স্বয়ংক্রিয় মনে এবং শেষে অতিমানস চেতনায় পরিব্যাপ্ত হবে। যারা বিশ্বাসী, তারা ঐ সঙ্কল্পের দ্বারা ব্যাধিমুক্ত হবেন।

---

* *এক্সোডাস* 20:7 (বাইবেল)।

স্তবপাঠের পাঁচটি পর্যায় হলো ঃ সচেতন উচ্চৈঃস্বরে পাঠ, গুণগুণ করে পাঠ, মনে মনে পাঠ, অবচেতনায় ও অতিমানস চেতনায় পাঠ।

ওম্ বা আমেন—প্রণব ধ্বনি

অবচেতনায় স্তব অবিচ্ছিন্ন ধারায় ও স্বতঃপ্রণোদিতভাবে হয়ে থাকে। অতিমানস চেতনায় স্তব করা তখনই সম্ভব হয় যখন অন্তরের সুগভীর স্তব-স্পন্দন উপলব্ধিতে রূপান্তরিত হয়ে চেতন, অবচেতন ও অতিমানস লোকে ছড়িয়ে যায়। অতিমানস চেতনায় স্তব তখনই হয় যখন কোন কাল্পনিক শব্দে নয়—খাঁটি 'মহাজাগতিক কম্পন' (ওম্ বা আমেন)-এ নিরবধি মনোযোগ দেওয়া হয়।

যখন একটা স্তব পর্যায় অতিক্রম করে আর একটা স্তব পর্যায়ের দিকে যাবেন, তখন মনোভাবেরও পরিবর্তন ঘটাতে হবে এবং তাকে আরও গভীর ও একাগ্র করে তুলতে হবে। তখন লক্ষ্য হবে—স্তব পাঠক, স্তব এবং স্তব প্রকরণ যেন মিলেমিশে এক হয়ে যায়। মনকে তখন

গভীরতম চৈতন্যাবস্থায় নিয়ে যেতে হবে। এটা কোন অচৈতন্য অবস্থা, অন্যমনস্কতা বা নিদ্রাবস্থা নয়; চুম্বকের অপ্রতিরোধ্য আকর্ষণে চৌম্বক পদার্থগুলি যেমন আকৃষ্ট হয়, এও হলো তেমনি এক একাগ্র অবস্থা যখন যাবতীয় ভাবনাচিন্তা একটি কেন্দ্রীয় চিন্তায় মিলিত হয়ে তাতে একেবারে লীন হয়ে যায়।

তিনটি শরীরী কেন্দ্র

যখন ইচ্ছা-সঙ্কল্প করবেন, তখন ভ্রূ-দ্বয়ের মধ্যবর্তী কেন্দ্রবিন্দুতে মনোনিবেশ করবেন। আবার চিন্তা-সঙ্কল্প ও ভক্তি-সঙ্কল্পের সময় মনোযোগ রাখতে হবে যথাক্রমে সুষুম্নায়* ও হৃৎপিণ্ডে। যখন যেমন প্রয়োজন হয় তখন

* সুষুম্না এবং ভ্রূ-দ্বয়ের মধ্যবর্তী বিন্দু হলো আসলে একই প্রবুদ্ধ প্রাণশক্তি কেন্দ্রের দুই বিপরীতধর্মী মেরু। পরমহংসজী ভক্তদের কখনো ভ্রূ-দ্বয়ের মধ্যবর্তী বিন্দুতে, আবার কখনো বা সুষুম্নাতে মনঃসংযোগ করতে বলতেন। বিপরীত মেরুতে অবস্থান সত্ত্বেও তারা কিন্তু এক। স্থির একাগ্রতায় যখন দু'টি চোখের দৃষ্টি ভ্রূ-দ্বয়ের মধ্যবর্তী বিন্দুতে কেন্দ্রীভূত হয়, তখন উভয় নেত্রের প্রবাহ প্রথমে যায় কপালের ঐ বিন্দুতে এবং তারপর সুষুম্নায়। তাতে করে সুষুম্না থেকে প্রতিফলিত হয়ে একক আজ্ঞাচক্ষুর জ্যোতি কপালে দেখা দেয়।

তেমনভাবে মানুষ নিজে থেকেই শরীরের এই তিনটির যে কোন একটি কেন্দ্রে মনকে সংহত করে। যেমন আবেগে আচ্ছন্ন থাকলে মানুষ দেহের আর সব অঙ্গকে বাদ দিয়ে কেবলমাত্র হৃদয়েতেই মন দেয়। সঙ্কল্প-সাধনা করলে মানুষ সেই শক্তির অধিকারী হয় যার দ্বারা সে সচেতনে, তার মনকে ইচ্ছা, চিন্তা এবং অনুভূতির মূল উৎসে চালিত করতে পারে।

দ্ব্যর্থহীনভাবে, কোন প্রশ্ন না তুলে, ঈশ্বরে বিশ্বাস স্থাপনাই হলো তাৎক্ষণিক রোগ নিরাময়ের সর্বশ্রেষ্ঠ পন্থা। তাই মানুষের কাছে সর্বোচ্চ ও সর্বশ্রেষ্ঠ ফলপ্রদ কর্তব্যকর্ম হলো ঐ বিশ্বাসকে জাগিয়ে তোলার জন্য নিরন্তর সাধনা করে যাওয়া।

৬। সঙ্কল্প ও নিরাময়ের বিজ্ঞানসম্মত পদ্ধতি

এই পুস্তিকায় প্রদত্ত সঙ্কল্পগুলি ব্যবহার করার সময় যে কোন ভক্ত বা দলনেতা সমস্ত সঙ্কল্পটি একসঙ্গে পড়তে পারেন, আবার যে কোন জায়গায় ছেদ টেনে তাঁর ইচ্ছামত পঙ্‌ক্তি পুনরায় আবৃত্তি করতেও পারেন।

সাধারণ ব্যাধি নিরাময়ের সঙ্কল্প

অনুভূতি, চিন্তা ও ইচ্ছার সকল পূজাবেদীতে
তুমি বিরাজিছ নাথ,
তুমিই বিরাজিছ।
অনুভূতি, ইচ্ছা, চিন্তা—
সবই তো তুমি।
তুমিই তাদের চালিত কর;
তারা তোমাকেই অনুসরণ করুক,
তোমাকেই অনুসরণ করুক।
তারা যেন তোমারই মত হতে পারে।

চৈতন্য-মন্দির ছিল আলোময়—
সে তো তোমারই জ্যোতি।

কিন্তু আমি তাকে দেখতে পাইনি;
এখন আমি দেখছি—
মন্দিরই হলো আলো, মন্দির অক্ষত।
নিদ্রাকালে স্বপ্নে দেখলাম—
ভয়, দুশ্চিন্তা, অজ্ঞানতা
মন্দিরকে ভেঙ্গে ফেলেছে।
নিদ্রাকালে স্বপ্নে দেখলাম—
ভয়, দুশ্চিন্তা, অজ্ঞানতা
মন্দিরকে ভেঙ্গে ফেলেছে।
তুমিই আমাকে জাগিয়ে দিয়েছ,
তুমিই আমাকে জাগিয়ে দিয়েছ।
তোমার মন্দির অক্ষত,
তোমার মন্দির অক্ষত।

আমি তোমাকে পূজা করতে চাই,
তোমাকে পূজা করতে চাই।
হৃদয়ে, নক্ষত্রে, দেহকোষে
আমি তোমাকেই ভালবাসি।
ইলেকট্রনে আমি তোমারই সাথে খেলি।
দেহ, নক্ষত্র, নক্ষত্রকণা, নীহারিকায়

আমি তোমাকে পূজা করতে চাই।
তুমি সর্বঘটে আছ;
সর্বঘটে আমি তোমায় পূজা করি।

তোমার স্বর্গীয় ইচ্ছা
আর আমার মানবিক ইচ্ছা—
উভয়ে আমারই মধ্যে, আমারই মধ্যে
দীপ্যমান রয়েছে।
আমি বাসনা করব, আমি ইচ্ছা করব,
আমি কাজ করব, আমি পথ করব,
অহংকারবশে নয়, তোমারই নির্দ্দেশে।
তোমারই নির্দ্দেশে প্রভু, তোমারই নির্দ্দেশে,
আমি কাজ করব, আমার ইচ্ছাপ্রয়োগ করব;
তবে আমার সেই ইচ্ছাকে
প্রভু তোমারই নিজ ইচ্ছায়,
তোমারই নিজ ইচ্ছায়
সঞ্জীবিত করো।

যেমন তোমার রাজ্যে আছে,
তেমনি আমাদেরও, হে পিতা,

ছোট্ট শিশু করে নাও।
আমাদের অন্তরে তোমার যে প্রেম
তা নির্মল।
তুমিও যেমন পরিপূর্ণ
আমরাও তেমনি পরিপূর্ণ।
তোমারই মত প্রভু, তোমারই মত,
শরীর ও মনে আমরাও সুস্থ
তুমিই পূর্ণ।
আমরা তোমারই সন্তান।

তুমি সর্বত্রই বিরাজ করছো;
যেখানে তুমি, সেখানেই পূর্ণতা।
তুমি সকল পূজাবেদিকায় অধিষ্ঠিত।
তুমি আমার সকল দেহকোষে অধিষ্ঠিত।
তারা অখণ্ড, তারা পূর্ণ।
তারা অখণ্ড, তারা পূর্ণ।
তুমি তাদের সবার মধ্যে আছ, সবারই মধ্যে—
এই অনুভূতিটি আমাকে দাও।
তুমি প্রত্যেকের মধ্যে, সবার মধ্যে

সবার মধ্যে আর প্রত্যেকের মধ্যেই আছ,
আমি যেন তা বুঝতে পারি।

হে মোর প্রাণের প্রাণ, তুমিই পূর্ণ।
আমার হৃদয়ে, আমার মস্তিষ্কে,
আমার নেত্রে, আমার আননে,
আমার অঙ্গে অঙ্গে, সবকিছুতে—
তুমি সর্বত্র বিরাজিত।

আমার পদযুগলকে তুমিই চালিত করছ;
তারা পূর্ণ, তারা সম্পূর্ণ।
আমার পায়ের গুলফ্ ও উরুদ্বয়
তারাও সম্পূর্ণ, তারাও সম্পূর্ণ
কেননা তুমি সেখানেও রয়েছ।
আমার উরুদ্বয়কে তুমিই ধারণ করছ
যাতে আমি পড়ে না যাই, পড়ে না যাই।
তারা সম্পূর্ণ, কারণ তুমি সেখানে রয়েছ।
তারা সম্পূর্ণ, কারণ তুমি সেখানে রয়েছ।

তুমি আমার কণ্ঠে রয়েছ;
শ্লেষ্মানালি, উদর

তোমাতেই উজ্জ্বল।
তারা সম্পূর্ণ, কারণ তুমি সেখানে রয়েছ।
আমার মেরুদণ্ডে তুমিই জ্বলজ্বল করছ;
তা সম্পূর্ণ, তা সম্পূর্ণ।
আমার স্নায়ুর মধ্যেও তুমিই প্রবাহিত;
তারা সম্পূর্ণ, তারা সম্পূর্ণ।
আমার ধমনী ও শিরাতে
তুমিই প্রবাহিত, তুমিই প্রবাহিত।
তারা সম্পূর্ণ, তারা সম্পূর্ণ।
আমার উদরে তুমিই বহ্নি,
আমার অন্ত্রদেশেও তুমিই বহ্নি;
তারা সম্পূর্ণ, তারা সম্পূর্ণ।

তুমি যেমন একান্তই আমার
আমিও তেমনি একান্তই তোমার।
তুমিই পূর্ণ;
তুমিই আমি, তুমিই আমি।
তুমিই আমার মস্তিষ্ক;
তা দ্যুতিময়, তা সম্পূর্ণ,
তা সম্পূর্ণ, তা সম্পূর্ণ, তা সম্পূর্ণ।

আমার কল্পনা মুক্ত হয়ে ভেসে বেড়াক;
আমার কল্পনা মুক্ত হয়ে ভেসে বেড়াক।
নিজেকে রোগী ভাবলে আমি রোগী হই;
নিজেকে সুস্থ ভাবলে আমি সুস্থ হই;
প্রতিদিন ও প্রতি ঘণ্টায়,
দেহে, মনে ও সর্বব্যাপারে
আমি সম্পূর্ণ, আমি সুস্থ।
আমি সম্পূর্ণ, আমি সুস্থ।

স্বপ্নে দেখেছিলাম—আমি পীড়িত;
জেগে উঠে যখন দেখলাম
তখনো আমার চোখেতে জল,
আমি হাসতে লাগলাম।
এ আমার আনন্দের অশ্রু, বেদনার নয়;
আমি অসুস্থতার স্বপ্ন দেখেছি;
কেননা আমি তো সম্পূর্ণই সুস্থ।

তোমার প্রেমের শিহরণকে, তোমার প্রেমের শিহরণকে
আমায় অনুভব করতে দাও।
তুমিই আমার পিতা,

আমি তোমারই সন্তান।
দুষ্টু হই বা ভাল হই,
আমি তোমারই সন্তান।

তোমার সতেজ রোমঞ্চকে অনুভব করতে দাও,
তোমার প্রজ্ঞার ইচ্ছাকে অনুভব করতে দাও।
তোমার প্রজ্ঞার ইচ্ছাকে অনুভব করতে দাও।

সংক্ষিপ্ত সঙ্কল্প

হে পূর্ণ পরমপিতা—তোমারই জ্যোতি ভগবান কৃষ্ণ, যীশু খ্রিস্ট, সর্বধর্মের সাধুসন্তগণ, ভারতের মহাগুরুগণ এবং আমার মধ্যে দিয়ে প্রবাহিত হচ্ছে। সেই স্বর্গীয় জ্যোতি আমার সর্ব অঙ্গে বিদ্যমান। আমি সুস্থ।

হে মহাজাগতিক চিৎশক্তি—তোমার প্রাণই আমার প্রাণ। আমার দেহখানিকে রক্ষা করার জন্যে তুমিই কঠিন, তরল ও বায়বীয় খাদ্যবস্তুকে রূপান্তরিত করে আধ্যাত্মিক শক্তিমণ্ডিত করে দিচ্ছ।

তোমার প্রাণদায়ী শক্তিই আমাকে পুনঃসঞ্জীবিত ও বলীয়ান করছে।

পরমাত্মার আরোগ্যদায়ী শক্তি আমার দেহের প্রতিটি কোষের মধ্যে প্রবাহিত হচ্ছে। বিশ্বজনীন ঈশ্বরীয় উপাদানে আমিও সৃষ্ট।

হে পিতা, তুমি আমার মধ্যে আছ; আমি সুস্থ।

তোমার শক্তি আমার ভেতর দিয়ে চালিত হচ্ছে। আমার উদর সুস্থ, কেননা তোমার ব্যাধিনাশক জ্যোতি সেখানে উপস্থিত।

আমি স্বীকার করছি—স্বাস্থ্যবিধি অমান্য করার কারণে আমার অসুস্থতা। উপযুক্ত আহার, ব্যায়াম এবং সৎ চিন্তা করে আমি সেই অপরাধ ক্ষালন করব।

হে পরমপিতা, প্রতিটি অণুতে, প্রতিটি কোষ, প্রতিটি সূক্ষ্ম কণিকা, স্নায়ু, মস্তিষ্ক—সর্বত্রই তুমি বিদ্যমান রয়েছ। আমি ভাল আছি, যেহেতু তুমি আমার দেহের সর্বাঙ্গে রয়েছ।

আমার শারীরিক ব্যাধির অন্ধকার কোণায় কোণায় ঈশ্বরীয় সুস্বাস্থ্য ছড়িয়ে পড়েছে। আমার সকল কোষ ঈশ্বরের নিরাময়কারী জ্যোতিতে উদ্ভাষিত। তাদের মধ্যে ঐশ্বরিক পরিপূর্ণতা রয়েছে বলে তারা সম্পূর্ণ সুস্থ।

চিন্তাশক্তির দ্বারা সঙ্কল্প

কপালে আপনার চিন্তাকে একীভূত করে বারবার নিম্নলিখিত কথাগুলি বলতে থাকুন ঃ

আমি মনে করি—আমার জীবন প্রবহমান,
আমি জানি—আমার জীবন প্রবহমান,
মস্তিষ্ক থেকে আমার সর্বাঙ্গে তা প্রবহমান।
আমার টিস্যুমূলের মধ্যে দিয়ে—
ছোট ছোট আলোক কণিকা উৎক্ষিপ্ত হয়।
কশেরুকার মধ্যস্থ প্রাণপ্রবাহ
মেরুদণ্ডের মধ্যে দিয়ে ফেনিল হয়ে ছোটে;
ছোট ছোট কোষগুলি সবাই তা পান করছে;
তাদের ছোট্ট মুখগুলি উজ্জ্বল দেখাচ্ছে;
ছোট ছোট কোষগুলি সবাই তা পান করছে;
তাদের ছোট্ট মুখগুলি উজ্জ্বল দেখাচ্ছে।

সংক্ষিপ্ত সঙ্কল্প

হে স্বর্গস্থ পিতা, তুমি চিরকাল আমারই। যা কিছু শুভ তাদের সবার মধ্যে তোমার উপস্থিতিকে আমি প্রণাম

জানাই। যাবতীয় সৎচিন্তার গবাক্ষপথে আমি তোমার মঙ্গলরূপটিকে প্রত্যক্ষ করি।

হে পিতা, তোমার অসীম ও সর্বরোগহর শক্তি আমার মধ্যেও রয়েছে। আমার অজ্ঞতা-অন্ধকারের মাঝে তোমার জ্যোতি উদ্ভাসিত হয়ে উঠুক। যেখানে এই ব্যাধিহর জ্যোতি উপস্থিত, সেখানে পূর্ণতাও উপস্থিত। সুতরাং, আমার ভেতরেও পূর্ণতা রয়েছে।

হে স্বর্গস্থ পিতা, তুমিই যাবতীয় অনুভূতি, ইচ্ছা ও ভাবনা। তুমি আমার অনুভূতি, ইচ্ছা এবং ভাবনাকে পথ দেখাও। তারা যেন তোমাকে অনুসরণ করতে পারে, তোমার মতই হতে পারে।

আমার নিষ্কলঙ্ক স্বপ্নগুলি হলো সেইসব সেতু যা আমাকে শুদ্ধ ভাবরাজ্যে নিয়ে যায়।

পার্থিব ভোগসুখের বাসনাকে ক্রমাগত কমিয়ে এনে প্রতিদিন আমি বেশি বেশি করে মনের ভেতরেই সুখসন্ধান করে যাব।

আমার বিশৃঙ্খল ভাবনাগুলির নিয়ন্ত্রক হলেন ঈশ্বর। তিনিই তাদের নিজ শান্তিধামে চালিত করে নিয়ে যাবেন।

ঈশ্বর যে আমার সকল কাজকে পরিচালিত করছেন—এই নিশ্চয়তা নিয়েই আমি আমার মনকে পরিশুদ্ধ করব।

বিচারবুদ্ধির সঠিক নির্দ্দেশনা

সঠিক বিচারবুদ্ধি এবং মানসিক চিন্তাধারাকে উদ্দীপ্ত করার জন্য নিম্নলিখিত উপদেশগুলি অনুসরণ করুন ঃ

১। সৎগ্রন্থ পাঠ করুন এবং তার উপদেশগুলি সযত্নে আত্মস্থ করুন।

২। যদি এক ঘণ্টা বই পড়েন তাহলে দু'ঘণ্টা লিখবেন, আর তিন ঘণ্টা মনে মনে ভাববেন। বিচারবুদ্ধি শক্তিকে গড়ে তুলতে হলে এই অনুপাতকে মেনে চলতে হবে।

৩। অনুপ্রেরণামূলক চিন্তায় মনকে নিযুক্ত রাখুন। নঞর্থক চিন্তা করে সময়ের অপব্যয় করবেন না।

৪। বিচারবুদ্ধি প্রয়োগ করে জীবনগঠনের যে সর্বশ্রেষ্ঠ পরিকল্পনা আপনি রচনা করবেন, তাকেই জীবনে কার্যকরী করুন।

৫। যোগদা সৎসঙ্গ সোসাইটি অফ্ ইণ্ডিয়ার শিক্ষাবলীতে মনবিষয়ক যে সমস্ত বিধির কথা বলা হয়েছে, তাকে ভালভাবে অনুশীলন করে আপনার বিচার ক্ষমতাকে আরও শক্তিশালী করে তুলুন।

৬। মনের শক্তিকে আরও উন্নত করার জন্যে সমস্ত আত্মিক শক্তি সমন্বিত এই পুস্তকে প্রদত্ত সঙ্কল্পবাণীগুলি প্রয়োগ করবেন। প্রাচীন ও নবীন—উভয় যুগের মনস্তত্ত্ববিদগণই বলেছেন যে, মানুষের সহজাত বুদ্ধি অসীম প্রসারণ ক্ষমতার অধিকারী।

৭। দৈহিক, সামাজিক এবং নৈতিক বিধানগুলি অবশ্যই পালন করবেন। আপনি যদি বিশ্বাস করেন যে ঐ বিধানগুলি উচ্চতর আধ্যাত্মিক নিয়মের দ্বারা চালিত, তাহলে একসময়ে আপনি যাবতীয় গৌণ নিয়মের ঊর্ধ্বে উঠে সম্পূর্ণভাবে আধ্যাত্মিক নিয়মের দ্বারাই চালিত হবেন।

ইচ্ছাশক্তির দ্বারা সঙ্কল্প

আপনার ইচ্ছাকে একই সঙ্গে সুষুম্নায় এবং ভ্রূ-দ্বয়ের মধ্যবর্তী স্থানে কেন্দ্রীভূত করুন এবং প্রথমে উচ্চৈঃস্বরে

এবং তারপর ক্রমশঃ মৃদু থেকে গুঞ্জনের মত শব্দ করে নিম্নলিখিত অংশটি বারবার বলতে থাকুন ঃ

আমার ইচ্ছা, প্রাণশক্তি ধেয়ে চলুক—
ঈশ্বরীয় ইচ্ছার বলে আমি ইচ্ছা করি—
সে যেন আমার যাবতীয় স্নায়ু ও পেশীতে,
আমার কোষে কোষে, অঙ্গে অঙ্গে ও সবখানে,
অনুরণনশীল বিকম্পিত অগ্নিশিখায়,
প্রদীপ্ত আনন্দময় শক্তি নিয়ে ধেয়ে চলে।
আমার এই রাজাজ্ঞা—
রক্তে ও গ্রন্থিতে তুমি প্রবাহিত হও।
আমার আদেশ—তুমি উজ্জ্বল হয়ে ওঠো।
আমার আদেশ—তুমি উজ্জ্বল হয়ে ওঠো।

জ্ঞানের জন্য সঙ্কল্প

মাথার করোটির উপরিভাগের নীচের অংশে মনোযোগ দিন এবং সেখানে মস্তিষ্কের অবস্থানকে অনুভব করার চেষ্টা করুন।

প্রজ্ঞার কক্ষে কক্ষে
তুমি ঘুরে বেড়াও।

তুমিই আমার যুক্তি।
তুমিই ঘুরে ঘুরে
মস্তিষ্কের ক্ষুদ্র অলস কোষগুলিকে
জাগিয়ে দাও,
যেন তারা
মন ও ইন্দ্রিয়দত্ত শুভকে,
তোমার দেওয়া জ্ঞানকে,
গ্রহণ করে, গ্রহণ করে।

আমি চিন্তা করব,
আমি যুক্তিবিচার করব;
চিন্তার জন্যে
আমি তোমাকে উৎপীড়ন করব না।
কিন্তু যুক্তি যখন ভুল করবে,
তখন তুমিই আমাকে চালিত কোরো;
তার লক্ষ্যপানে সঠিক পথে
আমাকে তুমি চালিত কোরো।

হে স্বর্গস্থ পিতা, হে জগন্মাতা,
হে আমার প্রভু, হে দিব্য সখা,
আমি এসেছি একাকী,
যাইব একাকী;
        শুধু তোমারই সঙ্গে, শুধু তোমারই সঙ্গে।
        শুধু তোমারই সঙ্গে, শুধু তোমারই সঙ্গে।
হে প্রভু, জীবন্ত কোষগুলি দিয়ে
তুমি আমারই জন্যে গৃহ রচনা করেছ।
আমারই জন্যে গৃহ রচনা করেছ।
আমার ঐ গৃহ সে'তো তোমারও গৃহ;
এই গৃহ তোমারই প্রাণের সৃজন;
এই গৃহ তোমারই শক্তির সৃজন।
তোমার গৃহ সর্বসুন্দর;
তোমার গৃহ সর্বসুন্দর।

আমি তোমারই সন্তান,
আর তুমিও আমারই পিতা;
একই মন্দিরে,
এই কোষময় মন্দিরেই
আমরা একত্রে বাস করি।

আমরা একত্রে বাস করি।
আমার কম্পমান পূজাবেদিকার কাছে
তুমি সদাই বিরাজ করছ।

আঁধারের সঙ্গে খেলতে, ভ্রান্তির সঙ্গে খেলতে,
আমি পালিয়ে এসেছি, আমি পালিয়ে এসেছি;
এক পলাতক সন্তান—আমি পালিয়ে এসেছি।
ছায়া-অন্ধকারে আমি বাড়ি ফিরেছি;
বিষয়-কাদার চিহ্ন মেখে আমি বাড়ি ফিরেছি।
তুমি কাছে থাকলেও
আমি দেখতে পাইনি।
তোমার গৃহ নিখুঁত
তবু তাকে আমি দেখতে পাইনি।
ওখানেই তোমার আলো রয়েছে,
কিন্তু আমি অন্ধ।
আমি দেখতে পাই না, সেটা আমারই দোষ।
হায়, আমি যে দেখতে পাই না, সে তো আমারই দোষ।
অন্ধকারের সীমানা পেরিয়ে
তোমারই বাতি জ্বলছে;
তোমারই বাতি জ্বলছে।

আলো-আঁধার একসাথে
থাকতে পারে না, থাকতে পারে না।
জ্ঞান-অজ্ঞান এক সাথে
থাকতে পারে না, থাকতে পারে না।
যাদুমন্ত্র বলে,
প্রলোভনে বশ করে,
আঁধার সরিয়ে দাও,
আমার আঁধার সরিয়ে দাও।

আমার দেহ-কোষ আলোয় তৈরী।
আমার মাংস-কোষ তোমাতেই তৈরী।
তুমি সর্বসুন্দর
তাই তারাও সর্বসুন্দর।
তুমিই স্বাস্থ্য,
তাই তারাও স্বাস্থ্যবান।
তুমিই পরমাত্মা,
তাই তারাও পরমাত্মা;
তুমিই জীবন,
তাই তারাও মৃত্যুহীন।

সংক্ষিপ্ত সঙ্কল্প

হে পরমপিতা, তোমার বিশ্ব প্রাণ এবং আমি—দু'য়ে অভিন্ন। তুমি মহাসাগর, আমি তার তরঙ্গ। আমরা দুটিতে অভিন্ন।

আমি তাই আমার স্বর্গীয় জন্মাধিকারকে দাবী করছি। আমি স্বজ্ঞাশক্তির দ্বারা উপলব্ধি করছি যে, যাবতীয় প্রজ্ঞা এবং শক্তি আমার আত্মায় এখনই বর্তমান রয়েছে।

আজ এবং প্রতিদিন, ঈশ্বর আমার যুক্তিবিচারের ঠিক অন্তরালেই রয়েছেন এবং সদা সৎকর্ম করার জন্য আমাকে চালিত করছেন।

মানুষের অন্তর্বাসী আত্মাই হলেন ঈশ্বর এবং তিনিই সমগ্র বিশ্বব্রহ্মাণ্ডের একমাত্র প্রাণস্বরূপ।

আমি চিরন্তন জ্যোতির মাঝে লীন হয়ে আছি। সেই জ্যোতি আমার সত্তার প্রতিটি অণু-পরমাণুতে পরিব্যাপ্ত। আমি সেই জ্যোতিতেই বেঁচে আছি। পরমাত্মা আমার অন্তর এবং বাহিরকে পূর্ণ করে দিচ্ছেন।

ঈশ্বর আমার ভেতরে এবং চারপাশে থেকে আমাকে রক্ষা করছেন। সুতরাং যে ভীতি তাঁর দিশারী জ্যোতির আগমনকে রুদ্ধ করছে, তাকে আমি বিতাড়িত করব।

দৈব ইচ্ছাকে পরিস্ফুট করে তোলার জন্যে আমি আমার সমগ্র ইচ্ছা এবং ক্ষমতাকে একত্রিত করেছি। তাই আজ আমি পরিপূর্ণ শান্তি আর ভারসাম্যতার অধিকারী।

বৈষয়িক সাফল্যলাভের জন্য অবচেতন, চেতন ও অতিমানস চেতনার নিয়মকানুন

দৈব এবং ভৌত—উভয় প্রকার নিয়মকানুন মেনে চলার ওপরেই সাফল্য নির্ভর করে। বৈষয়িক এবং আধ্যাত্মিক, উভয়ক্ষেত্রেই সফল হতে হবে। বৈষয়িক সাফল্য বলতে জীবনের ক্ষেত্রে প্রয়োজনীয় উপকরণের অধিকারী হওয়াকেই বোঝায়।

ধনদৌলতের অধিকারী হবার উচ্চাকাঙক্ষার সঙ্গে যেন অন্যকে সাহায্য করার মনোভাবও যুক্ত থাকে। নিজের স্বজাতি, স্বদেশ বা জগতের, যে কোনভাবে মঙ্গলসাধন করে, যত খুশি অর্থ সঞ্চয় করতে চান তা করতে পারেন; তবে তাদের স্বার্থের পরিপন্থী কাজ করে আর্থিক দিক থেকে লাভবান হবার জন্যে কখনো চেষ্টা করবেন না।

বৈষয়িক সাফল্যলাভ করা এবং মন থেকে ব্যর্থতার চিন্তা বিতাড়িত করার জন্যে অনেকগুলি অবচেতন, চেতন ও অতিমানস চেতনার নিয়ম রয়েছে।

অবচেতনায় সাফল্যলাভের বিধি হলো—শুতে যাবার ঠিক আগে এবং ঘুম থেকে ওঠার পর, একমনে গভীরভাবে সঙ্কল্পকে বারবারধরে বলতে হবে। কোনরকম সন্দেহ করবেন না। যখন কোন সৎ লক্ষ্যে পৌঁছতে চাইবেন, তখন মন থেকে ব্যর্থতার যাবতীয় চিন্তাকে দূর করে দেবেন। মনে রাখবেন, যেহেতু আপনি ঈশ্বরের সন্তান, তাই ঈশ্বরের যা কিছু আছে তার সবেতেই আপনারও অধিকার আছে।

ঐ নিয়মের প্রতি অবিশ্বাস ও অজ্ঞতাই মানুষকে তার চিরন্তন উত্তরাধিকার থেকে বঞ্চিত করে রেখেছে। ভগবৎদত্ত ঐশ্বর্যকে ব্যবহার করতে হলে অসীম বিশ্বাসে সঙ্কল্পগুলিকে জারিত করে, বারবার একইভাবে তাদের উচ্চারণ করতে হবে, এবং তারই সাহায্যে অবচেতনায় যেসব ভ্রান্তিমূলক চিন্তাবীজগুলি আছে, তাদেরকে ধ্বংস করতে হবে।

চেতন স্তরে সাফল্যের সূত্র হলো—বুদ্ধির সঙ্গে পরিকল্পনামাফিক কাজ করতে হবে এবং সব সময়

ভাবতে হবে যে, ঈশ্বরই আপনার পরিকল্পনায় এবং নিরলস কঠিন কর্মপ্রয়াসে সহায়তা করে যাচ্ছেন।

আর অতিমানস স্তরে সাফল্যের সূত্র হলো—ঈশ্বর যে সর্বশক্তির আধার তা মানুষকে বুঝতে হবে এবং মানুষকে প্রার্থনাও করতে হবে। আপনার সচেতন প্রচেষ্টাকে বন্ধ করবেন না বা আপনার প্রকৃতিদত্ত ক্ষমতার ওপরও সম্পূর্ণ নির্ভরশীল হবেন না। বরং যা কিছু করবেন তারজন্যে ঈশ্বরের সাহায্য প্রার্থনা করবেন।

অবচেতন, চেতন ও অতিমানস চেতনার প্রক্রিয়াগুলি যখন একত্রিত হবে, তখন সাফল্য অবধারিতভাবেই আসবে। ব্যর্থতা যতবারই আসুক না কেন, চেষ্টা করা থেকে বিরত হবেন না।

বৈষয়িক সাফল্যলাভের জন্য সঙ্কল্প

তুমিই আমার পরমপিতা ঃ

সফলতা ও আনন্দ।

আমি তোমারই সন্তান ঃ

সফলতা ও আনন্দ।

পৃথিবীর সকল ঐশ্বর্য,
বিশ্বের সকল সম্পদ,
সে তো তোমারই, সে তো তোমারই।
আমি তোমারই সন্তান;
বিশ্ব ও জগতের ঐশ্বর্য
সে আমারই, সে আমারই।
হ্যাঁ, সে আমারই, সে আমারই।

আমি দারিদ্রতার চিন্তায় জীবন কাটিয়েছি
আর মিথ্যাই ভেবেছি—আমি গরীব,
তাইতো আমি গরীব হয়েছি।
এখন আমি বাড়ি এসেছি।
তোমার চেতনা
আমাকে ঐশ্বর্যবান করেছে, ধনী করেছে।
আমি সফল, আমি ধনী;
তুমিই আমার ঐশ্বর্য,
আমি ধনী, আমি ধনী।

তুমিই যথাসর্বস্ব, তুমিই যথাসর্বস্ব।
তুমি আমারই।

আমার সব আছে, আমার সব আছে;
আমি ঐশ্বর্যবান, আমি ধনী।
আমার সব আছে, আমার সব আছে;
আমার সব আছে, সব কিছুই আছে,
যেমন তোমারও আছে, যেমন তোমারও আছে।
আমার সব আছে, সব কিছুই আছে,
তুমিই আমার ঐশ্বর্য,
আমার সব কিছুই আছে।

সংক্ষিপ্ত সঙ্কল্প

আমি জানি—ঈশ্বর অসীম শক্তির অধিকারী। আর যেহেতু আমি তাঁরই ভাবমূর্তি, তাই যাবতীয় প্রতিবন্ধকতাকে জয় করার শক্তি আমারও আছে।

ঈশ্বরের সৃজনশীল শক্তি আমার মধ্যেও আছে। সীমাহীন পরমবোধিই আমাকে চালিত করবেন এবং সকল সমস্যার সমাধান করে দেবেন।

ঈশ্বরই হলেন আমার অফুরন্ত স্বর্গীয় ধনাগার। আমি সবসময়েই ধনী, কারণ ঐ মহাজাগতিক ভাণ্ডারগৃহে আমার অবাধ প্রবেশের অধিকার আছে।

প্রয়োজনের সময়ে আমার প্রয়োজনমত সব কিছুই পাব—সর্বব্যাপী ঈশ্বরের ঐ শক্তিতে পূর্ণ বিশ্বাস নিয়েই আমি এগিয়ে চলব।

আমার সীমাবদ্ধতার অন্ধকার আকাশ চিরে দিব্য সৌভাগ্যের সূর্যকিরণ এই মুহূর্তে প্রকাশিত হয়েছে। আমি ঈশ্বরের সন্তান। তাঁর যা আছে, আমারও তাই আছে।

আত্মিক অজ্ঞতা দূরীকরণ

আধ্যাত্মিক সাফল্য বলতে বোঝায়—মহাজাগতিক মানসের সঙ্গে সচেতনভাবে নিজেকে সমসুরে বেঁধে নেওয়া, এবং আত্মীয়স্বজনের মৃত্যু বা অন্যান্য ক্ষতির মত জীবনে যাবতীয় অপূরণীয় আঘাতের মধ্যেও শান্তি ও স্থৈর্য বজায় রাখা। প্রকৃতির নিয়মে যখন কোন প্রিয়জন চিরকালের মত হারিয়ে যায়, তখনও আপনার দুঃখ করা উচিত নয়। বরং অল্প দিনের জন্য হলেও ঈশ্বর যে তাঁরই অন্য এক সন্তানকে আপনার কাছে পাঠিয়েছেন এবং তাকে দেখাশোনা করা ও সখ্যতা দেবার সুযোগ আপনাকে করে দিয়েছেন—তারজন্যে আপনি বিনীত হয়ে তাঁকে কৃতজ্ঞতা জানান।

জীবনের রহস্যকে অনুধাবন করার মধ্যে দিয়েই আধ্যাত্মিক সাফল্য আসে। তাছাড়া আনন্দে ও সাহসিকতার সঙ্গে সবকিছুর মুখোমুখি হতে হবে, বুঝতে হবে— যা কিছু ঘটছে, তা সবই একটা সুন্দর দিব্য পরিকল্পনামাফিকই ঘটছে।

অজ্ঞানতারূপী ব্যাধিমুক্তির একমাত্র মহৌষধ হলো জ্ঞান।

আধ্যাত্মিক সফলতার জন্য সঙ্কল্প

তুমিই পরমবোধি,
শুধু তুমিই জান—
সবকিছুর কারণ ও পরিণতি।

আমি তোমার সন্তান;
জীবনের প্রকৃত রহস্য,
জীবনের প্রকৃত আনন্দময় কর্তব্য,
আমি জানতে চাই।

আমার ভেতরে তোমার প্রজ্ঞাই
তোমার জ্ঞাত সবকিছুকে,

তোমার জ্ঞাত সবকিছুকে,
জানিয়ে দেবে।

সংক্ষিপ্ত সঙ্কল্প

হে পরমপিতা, তোমার মহত্ত্বের কথা কীর্তন করার জন্যেই আমার এই কণ্ঠস্বরের সৃষ্টি। একমাত্র তোমার আহ্বানে সাড়া দেবার জন্যেই আমার হৃদয় গঠিত হয়েছে। আর আমার আত্মা নির্মিত হয়েছে এই জন্যে যাতে তারই মাধ্যমে সকল তৃষ্ণার্থ হৃদয়ে তোমার প্রেম নিরবচ্ছিন্নভাবে প্রবাহিত হয়।

আমি যাতে মৃত্যুকে জয় করে, আলোর পাখনায় ভর দিয়ে তোমারই উদ্দেশ্যে উড়ে যেতে পারি, তারজন্যে তোমার প্রেমের শক্তি আমার যাবতীয় সন্দেহ আর ভীতিপ্রদ চিন্তাগুলিকে ক্রুশবিদ্ধ করে থাকে।

আমি মন থেকে সমুদয় ভাবনাকে দূর করে দিয়ে নিজেকে হাল্কা করি এবং আমারই মাধ্যমে ঈশ্বর যাতে তাঁর শুদ্ধ প্রেম, শান্তি ও প্রজ্ঞাকে প্রকাশ করতে পারেন, তার পথ প্রশস্ত করি।

আমার পরমপিতাই সাক্ষাৎ প্রেম, আর আমি তাঁরই ভাবমূর্তি। আমি হলাম সেই প্রেমের পরিমণ্ডল যেখানে সমস্ত গ্রহ-নক্ষত্র, সকল প্রাণ এবং যাবতীয় সৃষ্ট পদার্থ জ্বল জ্বল করছে। আমিই সেই প্রেম যা সারা ব্রহ্মাণ্ডে ছড়িয়ে আছে।

আমি যেমন অন্যের প্রতি আমার ভালবাসা ও শুভেচ্ছা বিতরণ করি, তেমনি ঈশ্বরীয় প্রেমকে নিজের মধ্যে গ্রহণ করার জন্যে আমাকেও পথ উন্মুক্ত করে রাখতে হবে। ঈশ্বরীয় প্রেমই হলো সেই আকর্ষণী শক্তি যা সমস্ত মঙ্গলকে আমার দিকে আকৃষ্ট করে আনে।

ঈশ্বরের কাছ থেকে কর্মক্ষমতা কর্জ করার পর তবেই আমি যাবতীয় কর্তব্যকর্ম সাধন করতে পারি। সুতরাং আমার প্রথম বাসনা হলো তাঁকেই সন্তুষ্ট করা। আমার হৃদয়ের প্রথম ভালবাসা, আমার মনের শ্রেষ্ঠ আকাঙক্ষা, আমার ইচ্ছা ও যুক্তির প্রাথমিক লক্ষ্য—একমাত্র ঈশ্বর।

সঙ্কল্প—মানসিক সাফল্য

আমি সাহসী, আমি শক্তিমান।

সাফল্যচিন্তার সৌগন্ধ

আমাতেই প্রবাহিত, আমাতেই প্রবাহিত।
আমি শান্ত, আমি স্থির,
আমি মধুর, আমি দয়াবান,
আমিই প্রেম ও সহানুভূতি,
আমি সুন্দর ও সম্মোহণী,
আমি সবেতেই তুষ্ট;
আমি সব অশ্রু ও ভয় মুছে দিই।
আমি নিঃশত্রু।
আমি সকলের বান্ধব।
আহারে, বিহারে, মননে
আমি অভ্যাসমুক্ত।
আমি মুক্ত, আমি মুক্ত।

হে মন, আমি তোমায় আদেশ করছি
যা কিছু আমি সৃজন করি,
যে কর্মে আমি নিযুক্ত থাকি,
সেখানে এস ও তাতে মনোযোগী হও।
আমি সবই করতে পারি
যখন সেইমত ভাবি, যখন সেইমত ভাবি।

মন্দিরে বা গীর্জায় প্রার্থনাকালে,
আমার ভবঘুরে চিন্তাগুলি
আমারই বিপক্ষে রুখে দাঁড়ায়, আর
তোমার কাছে পৌঁছতে মনকে বাধা দেয়,
তোমার কাছে পৌঁছতে মনকে বাধা দেয়।
বিষয়-বিক্রিত মন ও মস্তিষ্ক
আবার যাতে ফিরে পাই,
আবার যাতে ফিরে পাই,
আর প্রার্থনায় ও ভাবাবেশে,
ধ্যানে ও স্বপ্নাবেশে
আবার তোমাকেই তা দিতে পারি,
সেই মত আমাকে শিক্ষা দাও।

নির্জনে ও ধ্যানে
আমি তোমারই আরাধনা করব।
আমার কর্মরত হাত দুটিতে
তোমারই শক্তি-প্রবাহ অনুভব করব।
আলস্যে যাতে তোমাকে হারাতে না হয়,
তাই কর্মেই আমি তোমায় খুঁজে নেব।

সংযুক্ত পদ্ধতি

নিরাময়লাভের জন্য ভৌত পদ্ধতির চেয়ে মনের স্থান যে অনেক উঁচু, সে'কথা অনস্বীকার্য। তা সত্ত্বেও যারা উভয় পদ্ধতিকে একই সঙ্গে ব্যবহার করতে চান তাদের জন্যে কয়েকটি শারীরিক ব্যায়াম এই বইখানিতে অন্তর্ভুক্ত করা হলো।

দৃষ্টিশক্তির উন্নতি

চক্ষু মুদ্রিত করে সুষুম্নাকাণ্ডে মনঃসংযোগ করুন। তারপর অনুভব করুন যেন চোখের দৃষ্টিশক্তি, নেত্র-স্নায়ুর (optic nerve) মধ্যে দিয়ে অক্ষিপটে (retina) প্রবাহিত হচ্ছে। ঐ অক্ষিপটে মিনিটখানেক মনঃসংযোগ করার পর কয়েকবার চোখ খুলুন ও বন্ধ করুন। নেত্রগোলককে ওপরে এবং নীচে করুন। তারপর বাঁয়ে ও ডাইনে ঘোরান। তারপর তাদের বাম থেকে ডান দিকে, আবার ডান থেকে বাম দিকে ঘোরান। ভ্রূ-দ্বয়ের মধ্যবর্তী কেন্দ্রবিন্দুতে চোখের দৃষ্টি স্থির করুন এবং কল্পনায় দেখার চেষ্টা করুন যেন, সুষুম্নাকাণ্ড থেকে প্রাণশক্তি চক্ষুদ্বয়ে প্রবাহিত হয়ে

তাকে দু'টি উজ্জ্বল দিশারী আলোয় (searchlights) পরিণত করছে। শারীরিক ও মানসিক—উভয় দিক থেকেই এই ব্যায়াম খুবই উপকারী।

চক্ষুর জন্য সঙ্কল্প

হে নীল আলোকরশ্মি,
আমি তোমার কাছে প্রার্থনা করি—
আমার নেত্রস্নায়ুর মধ্যে দিয়ে বয়ে চল,
আর আমাকে সত্যদর্শন করাও, সত্যদর্শন করাও
তাঁর জ্যোতি ওখানে,
তাঁর জ্যোতি ওখানে।
আমারই চোখের মধ্যে থেকে
তিনি উঁকি দিচ্ছেন,
তিনি উঁকি দিচ্ছেন;
তারা অখণ্ড, তারা পূর্ণ।
একটি* উপরে, দু'টি নীচে;
তিনটি নয়ন, তিনটি নয়ন।

---

* একক বা আধ্যাত্মিক চক্ষু, যার অবস্থান কপালে দুই ভ্রূ-র মধ্যস্থলে।

তোমার মাধ্যমে, অদৃশ্যে, কোন আলো পালিয়ে বেড়ায়
তোমার মাধ্যমে, অদৃশ্যে, কোন আলো পালিয়ে বেড়ায়!

হে পদ্মলোচন,
আর কেঁদোনা, আর কেঁদোনা।
ঝড় তোমার পাপড়িগুলিকে
আর ব্যথিত করবে না।
তাড়াতাড়ি চলে এস, আর,
প্রাণবন্ত আনন্দ সলিলে,
শান্তির স্নিগ্ধসায়রে,
প্রজ্ঞার ঊষালগ্নে,
রাজহংসের মত ভেসে বেড়াও।
তোমার এই আলো,
অতীত, বর্তমান আর ভবিষ্যতের কাল বেয়ে
আমারই মাধ্যমে ভাস্বর হয়েছে।

হে আমার চক্ষুদ্বয়—
আমি আদেশ করছি,
তোমরা মিলিত হয়ে একক হও।
সমস্ত কিছু দেখতে, সবকিছু জানতে,

আমার দেহকে উজ্জ্বল করতে,
আমার মনকে উজ্জ্বল করতে,
আমার আত্মাকে উজ্জ্বল করতে,
তোমরা মিলিত হয়ে একক হও।

পাকস্থলীর ব্যায়াম

একটা চেয়ারের সামনে দাঁড়িয়ে সামনের দিকে শরীর ঝোঁকান এবং পড়ে যাবার হাত থেকে রক্ষা পাবার জন্যে চেয়ারের আসনটা চেপে ধরুন। তারপর শ্বাসটা সম্পূর্ণ ত্যাগ করুন। শ্বাসটা বের করে দেবার সময় তলপেটকে যতদূর সম্ভব মেরুদণ্ডের দিকে টেনে নিয়ে যান। তারপর তলপেটকে বাইরের দিকে যতটা সম্ভব ঠেলে দিতে দিতে শ্বাস গ্রহণ করুন। এইভাবে বারো বার অভ্যাস করুন। যোগীরা বলেন—এই ব্যায়ামে পাচকতন্ত্রের কার্য-কারিতার উন্নতি ঘটে (ইনটেস্টাইন বা অন্ত্রের পেরিসট্যালটিক (peristaltic) কাজ এবং পরিপাক গ্রন্থির রস ক্ষরণ) এবং ঐ ভাবে উদরের ব্যাধি দূরীকরণে সহায়তা করে।

দাঁতের ব্যায়াম

চোখ বন্ধাবস্থায়, বাঁদিকের চোয়ালের ওপর ও নীচের পাটির দাঁত শক্ত করে চাপুন। তারপর আলগা করে দিন। এবার ডান দিকের চোয়ালের দাঁতও শক্ত করে চাপুন। আলগা করুন। এবার দাঁতের সামনের অংশ শক্ত করুন। শেষে, একই সঙ্গে ওপর ও নীচের সব দাঁত চাপুন।

প্রত্যেকটি অবস্থা এক থেকে দু' মিনিট ধরে চলবে। ঐ সময় 'দাঁত-চাপার' অনুভূতিতে মন দিন এবং কল্পনেত্রে দেখুন—প্রাণশক্তি দাঁতের গোড়াকে সজীব করছে এবং তার যাবতীয় অসঙ্গতিকে দূর করে দিচ্ছে।

অন্তরের নন্দনকানন

এই দেহ হলো একটি বাগান। এখানে রয়েছে দৃষ্টি, শব্দ, স্বাদ, গন্ধ ও স্পর্শরূপ নানা সুদৃশ্য ইন্দ্রিয়-বৃক্ষ। মানুষের ভেতরের ঈশ্বর বা দেবতা, এদের যে কোন ইন্দ্রিয়রূপী ফলকে অত্যধিক ব্যবহার করা থেকে নিবৃত্ত থাকার জন্যে মানুষকে বারবার সাবধান করে দিচ্ছেন। বিশেষকরে দেহ-উদ্যানের মধ্যস্থ যৌনশক্তির আধারের অপব্যবহার সম্বন্ধে হুঁশিয়ার থাকতে বলছেন।

অশুভ কৌতূহলরূপী শয়তান এবং মানুষের মধ্যে অবস্থিত নারীসুলভ আবেগপ্রবণতা (ইভ), মানুষকে ঐ ঐশ্বরিক আদেশ লঙ্ঘন করার জন্য প্রলুব্ধ করে চলেছে। ফলে মানুষ আত্মসংযমজনিত আনন্দলাভে বঞ্চিত হয় এবং পরিণামে পবিত্র ও স্বর্গীয় আনন্দের নন্দনকানন থেকে বিতাড়িত হয়। যৌন অভিজ্ঞতা থেকে পাপ বা সঙ্কোচবোধের জন্ম হয়।

যে সমস্ত বিবাহিত দম্পতি সন্তানকামনা করেন, তারা যৌনসঙ্গমের সময় সঙ্গমের সৃজনকারী উদ্দেশ্যটির প্রতি মনোনিয়োগ করবেন। নানাবিধ যন্ত্রণা থেকে রক্ষা পাবার জন্য মানুষের দেখা উচিত—কাম তৃপ্তিলাভ করাই যেন যৌনমিলনের মুখ্য উদ্দেশ্য হয়ে না ওঠে।

যৌনকাঙ্ক্ষা নিয়ন্ত্রণের উপায়

রাত্রে, বিশ্রাম করতে যাবার আগে, দেহের সব উন্মুক্ত অংশগুলি এবং হাত, পা, বাহুমূল, নাভিদেশ, সুষুম্না-উপরিস্থ গলার পেছনের অংশ ভিজে ঠাণ্ডা তোয়ালে দিয়ে মুছে নেবেন। এই কাজটি নিয়মিতভাবে করা চাই।

যখন শরীরে খুব কামোত্তেজনা জাগবে, তখন ছয় থেকে পনেরবার গভীরভাবে শ্বাসগ্রহণ ও শ্বাসত্যাগ করবেন। তারপর আপনার শ্রদ্ধেয় ব্যক্তি, যার মধ্যে আত্মসংযমভাব আছে, তাদের সঙ্গলাভের চেষ্টা করবেন।

পবিত্রতার সঙ্কল্প

পুং ও গর্ভকেশরের মিলনে
তুমিই পবিত্র ফুলের জন্ম দাও।
আমার পবিত্র পিতামাতার মাধ্যমে
তুমিই আমার দেহের সৃষ্টি করেছ।
তুমি যেমন সব শুভবস্তুর স্রষ্টা
তেমনি আমরাও শুভ-স্রষ্টা।
শুদ্ধতায়, পবিত্রতায়
মহৎ ভাব বা উন্নত সন্তানের
জন্ম দিতে আমাদের শিক্ষা দাও।

তোমার কোন যোনি নেই।
আমরাও যোনিহীন, আমরাও যোনিহীন।
পবিত্ররূপে তুমি আমাদের সৃষ্টি করেছ।

শুচিতার মাধ্যমে মহৎ চিন্তা, বা
তোমার ভাবমূর্তিতে সন্তান
যাতে গড়তে পারি,
আমাদেরকে তারই উপদেশ দাও।

প্রলোভনকে জয় করার জন্যে আমি আমার ভাবনা থেকে যাবতীয় পাপচিন্তা দূর করে দেব। দেহের বহিরাবরণে অবস্থিত ইন্দ্রিয়-এলাকা থেকে আমি মনকে অপসারিত করে নেব, কেননা তার থেকে মানসিক আসক্তির জন্ম হয়। বরং আমি অন্তরে ঈশ্বরের উপস্থিতির পরমানন্দকেই অনুসন্ধান করব।

কু-অভ্যাস দূরীকরণ

সু-অভ্যাস আপনার শ্রেষ্ঠ সহায়ক। সর্বদা সৎ কাজ করে তাদের শক্তিকে সঞ্চয় করুন।

কু-অভ্যাস হলো আপনার সবচেয়ে বড় শত্রু। আপনার ইচ্ছার বিরুদ্ধে তারা আপনাকে ক্ষতিকর আচরণ করতে বাধ্য করে। তারা আপনার দৈহিক, সামাজিক, নৈতিক, মানসিক এবং আধ্যাত্মিক জীবনের

পক্ষে হানিকর। কু-কাজ করে তাদের পরিপুষ্ট করার বদলে, কু-অভ্যাসসমূহকে অনাহারে শুকিয়ে মারুন।

সঠিক বিচার ও সৎ নির্বাচনের মাধ্যমে যদি সমস্ত কাজ করা যায়, তবে সেটাই হবে প্রকৃত স্বাধীনতা। যেমন, যে খাদ্য আপনার গ্রহণ করা উচিত সেই খাদ্যবস্তুই আপনি আহার করবেন—অভ্যস্ত বলেই যে আপনাকে কোন একটা জিনিষ খেতে হবে এমন কথা নয়।

সু-অভ্যাসই বলুন, আর কু-অভ্যাসই বলুন, এদের প্রত্যেকেরই প্রকৃত ক্ষমতাশালী হয়ে উঠতে সময় লাগে। যদি ধৈর্যের সঙ্গে প্রকৃত সু-অভ্যাসকে গড়ে তোলা হয়, তাহলে তাকে দিয়েই পুরাতন বদ্‌অভ্যাসকে বিতাড়িত করা যেতে পারে।

জীবনের সর্বক্ষেত্রে সু-অভ্যাসকে স্থান করে দিয়ে কু-অভ্যাসগুলিকে বিতাড়িত করুন। ঈশ্বর-সন্তানজ্ঞানে, অন্তরের সকল বাধ্যতামুক্ত হয়ে, নিজের মুক্তির চেতনাকে শক্তিশালী করুন।

মুক্তির জন্য সঙ্কল্প

নিয়মের মধ্যেও তুমি;
আবার নিয়মের ঊর্ধ্বেও তুমি।
সব নিয়মের ঊর্ধ্বে যেমন তুমি,
তেমনি তোমার মতই
সব নিয়মের ঊর্ধ্বেও আমি।

হে সৎ অভ্যাসরূপী সাহসী সৈনিকদল,
মন্দ, মন্দ অভ্যাসগুলিকে বিতাড়িত কর,
মন্দ, মন্দ অভ্যাসগুলিকে বিতাড়িত কর।
আমি মুক্ত, আমি মুক্ত।
আমার কোন অভ্যাস নেই,
আমার কোন অভ্যাস নেই।
অভ্যাস-শক্তির আদেশে নয়,
যা যথার্থ তাই আমি করব,
যা যথার্থ তাই আমি করব।
আমি মুক্ত, আমি মুক্ত;
আমার কোন অভ্যাস নেই,
আমার কোন অভ্যাস নেই।

সংক্ষিপ্ত সঙ্কল্প

হে পরমপিতা, আমি যাতে অশুভ অভ্যাসগুলিকে পরিত্যাগ করতে পারি যা কেবল অমঙ্গল অণুরণনকেই ডেকে আনে, এবং শুভ অভ্যাসকে গড়তে পারি যা শুভ অণুরণনকে ডেকে আনে—তারজন্য আমার দৃঢ় প্রতিজ্ঞাকে তুমি শক্তিশালী কর।

ঈশ্বরের অনন্ত প্রাণ আমার মধ্যে দিয়ে প্রবাহিত হচ্ছে। আমি অমর। আমার মনের ঢেউয়ের আড়ালেই আছে মহাজাগতিক চৈতন্যের মহাসমুদ্র।

হে পরমপিতা, যেখানে তুমি আমাকে স্থান দিয়েছ, সেখানেই তোমাকে আসতে হবে।

কোন চলমান জীবন-আলেখ্যই একটি মাত্র ঘটনা বা একজন মাত্র অভিনেতাকে নিয়ে তৈরী হতে পারে না। মঞ্চে তাই আমার ভূমিকাও যথেষ্ট মূল্যবান, কেননা আমাকে বাইরে রাখলে মহাজাগতিক নাটক অসম্পূর্ণ থেকে যাবে।

পরমপিতার কাছে প্রার্থনা

ক্ষণস্থায়ী সুবিধালাভের জন্যে কখনই প্রার্থনা করা

উচিত নয়। বরং নিজ অজ্ঞতাবশতঃ যে দৈব ঐশ্বর্যকে মানুষ হারিয়ে ফেলেছে বলে ভাবে, তাকে পুনরুদ্ধার করার মত যোগ্যতা অর্জন করার জন্যই তার প্রার্থনা করা উচিত। ঈশ্বর, যিনি যাবতীয় মঙ্গলের উৎস, যিনি সমস্ত রকম সঙ্কল্পের অন্তর্নিহিত শক্তি, তাঁরই উদ্দেশ্যে চিন্তাকে প্রসারিত করতে নিম্নলিখিত প্রার্থনাগুলি আপনাকে সাহায্য করবে।

তোমার পরিপূর্ণতার অনপনেয় প্রতিমূর্তি আমার মধ্যেই রয়েছে। তাই অজ্ঞানতার উপরিগত কলঙ্করেখা মুছে ফেলতে এবং তুমি ও আমি যে অভিন্ন তাকে বুঝতে —তুমি আমায় শিক্ষা দাও।

হে পরমেশ্বর, তোমার মহাজাগতিক শক্তি দিয়ে এই দেহখানিকে সঞ্জীবিত করে তুলতে, একাগ্রতা ও উৎফুল্লতা দিয়ে মনকে এবং ধ্যানসম্ভূত স্বজ্ঞা দিয়ে আত্মাকে নিরাময় করে তুলতে—তুমি আমায় শিখিয়ে দাও। অন্তর্লোকে স্থাপিত তোমার রাজত্ব, বর্হিজগতেও যেন পরিব্যাপ্ত হয়।

হে পরমপিতা, দারিদ্র্যে বা সমৃদ্ধিতে, অসুস্থতায় বা সুস্বাস্থ্যে, অজ্ঞানতায় বা জ্ঞানে তোমায় যাতে স্মরণ

করতে পারি—তা আমাকে শিখিয়ে দাও। অবিশ্বাসের নিমীলিত চোখ দু'টি আমি যেন উন্মুক্ত করতে এবং তাৎক্ষণিক আরোগ্যদায়ী তোমার জ্যোতিকে যেন দর্শন করতে পারি।

হে স্বর্গীয় মেষপালক, আমার চিন্তারূপ মেষশাবক-গুলি, যারা চাঞ্চল্যরূপী প্রান্তরে হারিয়ে গিয়েছে, তাদের তুমি উদ্ধার কর এবং তোমার শান্তির পবিত্র আশ্রয়ের দিকে চালিত কর।

হে প্রিয়তম ঈশ্বর, সুখে ও দুঃখে, জীবনে ও মরণে তোমার অদৃশ্য সর্বরক্ষাকারী আবরণ যে আমার চারদিক বেষ্টন করে সর্বদাই আমাকে রক্ষা করছে, তা যেন আমি জানতে পারি।

গ্রন্থকার প্রসঙ্গে

"পরমহংস যোগানন্দ হলেন ভারতের গৌরব, প্রাচীন মুনি-ঋষিদের এক আদর্শ প্রতিনিধি। তিনি যেন এক অমেয় মূল্যের বিরল রত্ন, যার তুল্য কাউকে পৃথিবী আগে দেখেনি।"

— মহামান্য স্বামী শিবানন্দ, হৃষিকেশের 'দি ডিভাইন লাইফ সোসাইটি'র প্রতিষ্ঠাতা

"ইহজগতে যোগানন্দের উপস্থিতি ছিল তমসার মাঝে দীপ্যমান প্রদীপ্ত জ্যোতির তুল্য। একমাত্র মানুষের প্রকৃত প্রয়োজন দেখা দিলে তবেই তাঁর মত মহাপুরুষ পৃথিবীতে আবির্ভূত হয়ে থাকেন।"

— মহামান্য শ্রী চন্দ্রশেখরেন্দ্র সরস্বতী, শঙ্করাচার্য, কাঞ্চীপুরম

১৮৯৩ সালের ৫ই জানুয়ারী উত্তর প্রদেশের গোরক্ষপুরে শ্রীশ্রী পরমহংস যোগানন্দ জন্মগ্রহণ করেন। মানবাত্মার সৌন্দর্য, মহত্ত্ব ও প্রকৃত ঈশিত্বকে নিজ জীবনে আরও বেশি করে অনুভব ও প্রকাশ করার ব্যাপারে সকল

জাতি ও ধর্মের মানুষকে সাহায্য করতে তিনি নিজ জীবন উৎসর্গ করেছিলেন।

১৯১৫ সালে কোলকাতা বিশ্ববিদ্যালয় থেকে স্নাতক পরীক্ষায় উত্তীর্ণ হবার পর তাঁর গুরু শ্রীশ্রী স্বামী শ্রীযুক্তেশ্বর গিরি তাঁকে সন্ন্যাসধর্মে দীক্ষিত করেন। শ্রীযুক্তেশ্বরজী পূর্বেই ভবিষ্যদ্বাণী করেছিলেন যে, ভারতের সুপ্রাচীন ধ্যান প্রক্রিয়া *"ক্রিয়া যোগ"*কে সারা বিশ্বে প্রসারণ করাই হবে শ্রী যোগানন্দের জীবনের মিশন। ১৯২০ সালে মার্কিন যুক্তরাষ্ট্রের বোস্টন শহরে আয়োজিত ইণ্টারন্যাশনাল কংগ্রেস অফ্ রিলিজিয়াস লিবারেলসে ভারতীয় প্রতিনিধিরূপে যোগদানের আমন্ত্রণ তিনি গ্রহণ করেন।

তাঁর শিক্ষাবলীকে প্রসার ও প্রচারের কাজে মাধ্যমরূপে ব্যবহার করতেই পরমহংস যোগানন্দ, যোগদা সৎসঙ্গ সোসাইটি অফ্ ইন্ডিয়া/সেল্ফ-রিয়েলাইজেশন ফেলোশিপ প্রতিষ্ঠা করেন। তাঁর রচনাবলী এবং ভারতবর্ষ, আমেরিকা ও য়ুরোপের বিস্তৃত অঞ্চলে ভাষণদান ও সেই সঙ্গে অসংখ্য আশ্রম ও ধ্যান কেন্দ্র স্থাপনার মধ্যে দিয়ে তিনি হাজার হাজার

সত্যসন্ধানীকে প্রাচীন যোগ বিদ্যা ও তার তত্ত্ব, এবং তার ধ্যান প্রণালীর সার্বজনীন ব্যবহারবিধির সঙ্গে পরিচয় করিয়ে দেন। লস অ্যাঞ্জেলসে ১৯৫২ সালের ৭ই মার্চ তারিখে পরমহংসজী *'মহাসমাধি'*তে প্রবেশ করেন।

আধ্যাত্মিক ও মানবসেবার যে কার্যধারার সূচনা শ্রীশ্রী পরমহংস যোগানন্দজী করে যান, সেই কাজ আজ শ্রীশ্রী মৃণালিনী মাতাজীর তত্ত্বাবধানে ক্রমাগত প্রসারিত হয়ে চলেছে। তাঁর কার্যসূচী পরিচালিত করতে সাহায্য করার জন্য শ্রীশ্রী মৃণালিনী মাতাজীকে শ্রীশ্রী পরমহংস যোগানন্দজী স্বয়ং নির্বাচিত ও প্রস্তুত করেন। যোগদা সৎসঙ্গ সোসাইটি অফ ইন্ডিয়া/সেল্ফ-রিয়েলাইজেশন ফেলোশিপের সঙ্ঘমাতা ও আধ্যক্ষা রূপে শ্রীশ্রী মৃণালিনী মাতাজী পরমহংস যোগানন্দজীর শিক্ষাকে বিশ্বময় প্রসারিত করার জন্য পরমহংস যোগানন্দজীর আদর্শ ও সদিচ্ছাকে নিষ্ঠার সঙ্গে বহণ করে চলেছেন।

শ্রীশ্রী পরমহংস যোগানন্দ

জীবনে ও মরণে যিনি মহাযোগী

শ্রীশ্রী পরমহংস যোগানন্দজী বিগত ১৯৫২ সালের ৭ই মার্চ তারিখে মার্কিন যুক্তরাষ্ট্রের ক্যালিফোর্ণিয়া প্রদেশস্থ লস্ অ্যাঞ্জেলস্ শহরে, ভারতীয় রাষ্ট্রদূত মহামান্য শ্রী বিনয়রঞ্জন সেন মহাশয়ের সম্বর্ধনায় আহুত এক ভোজসভায় বক্তৃতা দেবার পর 'মহাসমাধিতে' (যোগীর সজ্ঞানে দেহ থেকে শেষ নিষ্ক্রমণ) লীন হন।

এই মহান জগৎগুরু যোগের (ঈশ্বরানুভূতিলাভের বিজ্ঞানসম্মত পদ্ধতি) মূল্য কেবলমাত্র জীবনেই নয়, মরণেও প্রতিপন্ন করে গেছেন। তাঁর মৃত্যুর কয়েক সপ্তাহ পরেও তাঁর অবিকৃত মুখমণ্ডল বিকারহীনতার স্বর্গীয় জ্যোতিতে ভাস্বর ছিল।

লস্ অ্যাঞ্জেলসে অবস্থিত ফরেষ্ট-লন মেমোরিয়াল পার্ক, (যেখানে মহান্ গুরুর মরদেহ সাময়িকভাবে রক্ষিত ছিল) শবাগারের ডিরেক্টর মিঃ হ্যারি. টি. রো. একটি প্রমাণিত লেখ্যপত্র সেল্ফ-রিয়েলাইজেশন ফেলোশিপকে

প্রেরণ করেন। তাই থেকে নিম্নলিখিত উদ্ধৃতিটি গ্রহণ করা হয়েছে ঃ

"পরমহংস যোগানন্দজীর মরদেহে পচনের কোন চাক্ষুষ প্রমাণের অভাব আমাদের অভিজ্ঞতায় এক অভূতপূর্ব ঘটনা ... মৃত্যুর কুড়িদিন পরেও তাঁর দেহে কোন প্রকার শারীরিক বিঘটন দৃষ্ট হয়নি ... তাঁর চর্মের উপর ছত্রাকের কোন নিদর্শনও পাওয়া যায়নি, আর তাঁর দেহপেশীর কোন শুষ্কতাও দৃশ্যতঃ ঘটেনি। শরীরের এইরূপ সম্পূর্ণ সংরক্ষণ, শবাগারের ইতিহাসে আমরা যতদূর জানি, একেবারে অতুলনীয় ... যোগানন্দজীর দেহ গ্রহণ করবার সময় শবাগারের কর্মচারীবৃন্দ শবাধারের কাচের ঢাকনার মধ্য দিয়ে দেহের ক্রমশঃ পচন দেখবে বলে আশা করেছিল। আমাদের বিস্ময় দিনের পর দিন উত্তরোত্তর বর্দ্ধিত হয়েই চলল, যখন দেখা গেল যে, পর্যবেক্ষণে রক্ষিত দেহে চাক্ষুষ পরিবর্তন কিছুই ঘটে নি। যোগানন্দজীর দেহ দৃশ্যতঃ অবিকৃতির এক অসাধারণ অবস্থায় ছিল। ...

"কোন সময়েই তাঁর দেহ হতে পচনক্রিয়াজনিত

কোন দুর্গন্ধ নির্গত হয়নি। ... পরমহংসজীর দৈহিক আকৃতি ৭ই মার্চ তারিখে যেমন ছিল, ২৭শে মার্চ তারিখে তাঁর শবাধারের ব্রোঞ্জ ঢাকনা বন্ধ করার সময়েও সেই একইরকম অবস্থায় ছিল। মহাপ্রয়াণের রাত্রিতে তাঁর দেহ যেরূপ ছিল, ২৭শে মার্চ তারিখে তাঁর সেই দেহ একইরূপ স্বাস্থ্যোজ্জ্বল, পচনশূন্য ও অবিকৃতই দেখাচ্ছিল। তাঁর দেহের যে কোনরকম চাক্ষুষ বিকৃতি ঘটেছিল, ২৭শে মার্চ তারিখে এ'কথা বলার কোন কারণ ঘটেনি। এইসব কারণে আমরা আবার বলি যে, পরমহংস যোগানন্দজীর দেহত্যাগ আমাদের অভিজ্ঞতায় একেবারে অভূতপূর্ব।"

বর্ণানুক্রমিক সূচী

অভ্যাস (কু) ঃ দূরীকরণ, সঙ্কল্প 91
আত্মা-কম্পমান প্রকাশ ঃ 33
আধ্যাত্মিক সাফল্য—সঙ্কল্প ঃ 79
আবেগ ও ইচ্ছার ক্ষমতা ঃ 14
আরোগ্যদায়ী পদ্ধতির মূল্যায়ণ ঃ 28
আরোগ্যদায়ী পদ্ধতিসমূহের মূল্যায়ণ ঃ 28-32;
নিরাময় ঃ 11-20; মানসিক ও ডাক্তারী ঃ 29

উন্মেষণা, প্রাণশক্তির ঃ 16

ওম বা আমেন—প্রণবধ্বনি ঃ 51

কর্তৃত্ব—প্রাণশক্তির ওপর ঃ 31
কু-অভ্যাস দূরীকরণ ঃ 91

চিন্তাশক্তির দ্বারা সঙ্কল্প ঃ 63
চেতনা ও জড়বস্তু ঃ 34
চেতনা (অনুকম্পন) ঃ 33; মানবিক ও ঐশ্বরিক ঃ 41

জড় ও আত্মার প্রকৃতি ঃ 34

দলবদ্ধ সঙ্কল্প (নিয়ম) ঃ 45
দেহ ও চেতনা ঃ 36
দৈহিক ব্যায়াম ঃ চক্ষু 84; যৌনাকাঙক্ষা নিয়ন্ত্রণ ঃ 89; পাকস্থলী ঃ 87; দাঁত ঃ 88

নিরাময় প্রক্রিয়ার ব্যাখ্যা ঃ 3-19, 28-31
নিরাময়করণ (বিভিন্ন বিভাগ) ঃ 21; সাধারণ সঙ্কল্প ঃ 45-65; পদ্ধতি ঃ 3-20, 28-30

পুরাতন ব্যাধি ও তার মানসিক কারণ ঃ 7
প্রজ্ঞাই সর্বশ্রেষ্ঠ শুদ্ধিকারক ঃ 40
প্রতিরোধ—শারীরিক, মানসিক, আত্মিক ব্যাধি ঃ 22-28
প্রয়োগ—ইচ্ছা, অনুভূতি, যুক্তি ঃ 6
প্রাণশক্তিই আরোগ্যের নিয়ামক ঃ 11-20; প্রাণশক্তির ওপর কর্তৃত্ব ঃ 31; চেতনা ঃ 35; উন্মেষণা ঃ 16
প্রার্থনা (পরমপিতার কাছে) ঃ 94

বস্তুর অবস্থিতি অস্বীকার ঃ 40; ঐ ঈশ্বরীয় বিধি ঃ 30
বাইবেল (উক্তি) ঃ 11, 17, 25, 49

বিচারবুদ্ধির সঠিক নির্দ্দেশনা ঃ 65
বিপথগামী মানবের প্রয়োজনসমূহ ঃ 39
বিশ্বাস ঃ 9, 12, 17
ব্যক্তিগত ও দলগত সঙ্কল্প ঃ 45
ব্যাধি (পুরাতন)—মানসিক কারণ ঃ 7
ব্যায়াম—শরীরী ঃ চোখ ঃ 84; যৌনাকাঙ্ক্ষা নিয়ন্ত্রণ ঃ 89; পাকস্থলী ঃ 87; দাঁত ঃ 88
বৈষয়িক সাফল্য (নিয়ম) ঃ 73; ঐ সঙ্কল্প ঃ 75

ভ্রমণ (স্টীমার) ঃ অভিজ্ঞতা ঃ 15

মহান আরোগ্যদাতা ঃ 17
মানসিক অবস্থা অনুযায়ী আরোগ্যকরণ ঃ 12
মানসিক ও ডাক্তারী নিরাময় ঃ 39
মানুষের ভগবৎদত্ত শক্তি ঃ 5
মানুষের ভাষার আধ্যাত্মিক শক্তি ঃ 4
মায়া—মহাজাগতিক প্রপঞ্চ ঃ 38

যীশু খ্রিস্ট ঃ 11, 25
যৌনাকাঙ্ক্ষা নিয়ন্ত্রণ ঃ 89; সঙ্কল্প ঃ 90

শরীরী কেন্দ্র (তিন) ঃ 52
শক্তি—মানুষের ভাষায় ঃ 4
শক্তি—আবেগগত ঃ 14-15; বিশ্বাস ঃ 9-10; 12, 17
শারীরিক ব্যাধি প্রতিরোধ ঃ 22

সত্যতা ঃ 20
সঙ্কল্প গ্রহণের প্রথা প্রকরণ ঃ 45-53
সঙ্কল্প ও নিরাময়ের বিজ্ঞানসম্মত পদ্ধতি ঃ 55-96
সঙ্কল্প ঃ চক্ষু ঃ 85-86; অভ্যাস ঃ 91; সাধারণ ব্যাধি নিরাময় ঃ 54; বৈষয়িক সাফল্যলাভ ঃ 75; মানসিক সাফল্য ঃ 81; যৌনাকাঙক্ষা নিয়ন্ত্রণ ঃ 89; আধ্যাত্মিক সাফল্য ঃ 79; জ্ঞানের জন্য ঃ 67
সঙ্কল্প ঃ চক্ষু ঃ 85; ব্যায়াম ঃ 84
সঙ্কল্প ও নিরাময় ঃ বিজ্ঞানসম্মত পদ্ধতি ঃ 54-93
সাধারণ ব্যাধি নিরাময়ের সঙ্কল্প ঃ 54-66
সাধু হরিদাস ঃ 25-26
সৃষ্টির প্রকৃতি ঃ 33-42
স্তব (ক্রমোন্নত পর্যায়) ঃ 50
স্বামী ঃ স্বামী শ্রীযুক্তেশ্বর ঃ 40

আরোগ্যের জন্য দৈব সাহায্যের প্রার্থনা

"হে পিতা, আমি অপরিমেয় সম্পদ, স্বাস্থ্য ও জ্ঞান চাই, তবে পার্থিব উপাদান থেকে নয়, তোমার মহাসমৃদ্ধ, অসীম শক্তিশালী ও পরম দানশীল হাত দু'খানি থেকে।"

—শ্রীশ্রী পরমহংস যোগানন্দ

ঈশ্বর জগতের প্রতিটি অণুপরমাণুতে বিরাজমান। তিনি যদি তাঁর প্রাণদায়ী উপস্থিতি থেকে নিজেকে সরিয়ে নেন, তাহলে এই জগৎ চিহ্নটুকু না রেখেই অবলুপ্ত হয়ে যাবে।

মানুষ সম্পূর্ণভাবে তার স্রষ্টার ওপর নির্ভরশীল। তাই স্বাস্থ্য, সুখ, সাফল্য সে যেমন ভগবৎদত্ত বিধান পালন করে পেতে পারে, তেমনি প্রয়োজনীয় সাহায্য ও নিরাময়করণও সে সরাসরি ঈশ্বরের কাছে প্রার্থনার মাধ্যমে লাভ করতে পারে।

শারীরিক ব্যাধি, মানসিক অসাম্য এবং আধ্যাত্মিক অজ্ঞতা দূরীকরণের জন্য যোগদা সৎসঙ্গ/সেল্ফ-রিয়েলাইজেশনের সাধুরা প্রতিদিন প্রার্থনা করেন। ভগবানের আশীর্বাদে অসংখ্য মানুষ দৈবকৃপা পেয়েছেন।

আপনিও নিজের অথবা আপনার প্রিয়জনের হিতার্থে প্রার্থনা করার জন্য নিম্নলিখিত ঠিকানায় পত্র মারফৎ বা টেলিফোনযোগে আবেদন করতে পারেন ঃ

YOGODA SATSANGA SOCIETY OF INDIA
Paramahansa Yogananda Path
Ranchi 834001, Jharkhand, India
Telephone: (0651) 2460071, 2460074, 2461578
www.yssofindia.org

যোগদা সৎসঙ্গ সোসাইটি অফ্ ইণ্ডিয়ার আদর্শ ও লক্ষ্য

গুরুদেব ও প্রতিষ্ঠাতা—শ্রীশ্রী পরমহংস যোগানন্দ

সঙ্ঘমাতা ও সভানেত্রী—শ্রীশ্রী মৃণালিনী মাতা

ঈশ্বরের সাথে প্রত্যক্ষ যোগস্থাপনার সহায়তার উদ্দেশ্যে সুনির্দিষ্ট বিজ্ঞানসম্মত প্রক্রিয়ার শিক্ষা বিভিন্ন দেশে প্রচার করা।

স্ব-প্রচেষ্টায় মানুষের সীমিত নশ্বর চৈতন্যকে ভগবৎ চৈতন্যে ক্রমোন্মেষ করাই জীবনের লক্ষ্য—এই শিক্ষাদান করা, এবং সেই উদ্দেশ্যে ভগবৎ-মিলনের জন্য সর্বত্র যোগদা সৎসঙ্গ মন্দির স্থাপন এবং মানব-অন্তরে ও আবাসে, নিজস্ব ঈশ্বর-উপাসনালয় স্থাপনে উৎসাহদান।

ভগবান কৃষ্ণ প্রবর্তিত আদি যোগ ও যীশুখৃস্ট প্রচারিত আদি খৃস্টীয় মতবাদের মধ্যে মূলগত ঐক্য ও সামঞ্জস্য উদঘাটন করা, এবং সত্যের এই তত্ত্ব যে সমস্ত সত্য ধর্মেরই সাধারণ বৈজ্ঞানিক ভিত্তি—তাহা প্রতিষ্ঠা করা।

নিত্য, বিজ্ঞানসম্মত, ভক্তিপূর্ণ ঈশ্বর-তপস্যাই যে সকল সনাতন ধর্মীয় বিশ্বাসের নির্দেশিত একমাত্র দিব্য পথ, তাহার প্রতি দৃষ্টি আকর্ষণ করা।

মানুষকে ত্রিমুখী যন্ত্রণা মুক্ত করা—শারীরিক ব্যাধি, চিত্তচাঞ্চল্য, ও আধ্যাত্মিক অজ্ঞতা।

"সাধারণ জীবনযাপন করা ও উচ্চ চিন্তা করায়" উৎসাহদান। মানুষের ঐক্যের সনাতন সত্য হলো ঐশ্বরিক সাযুয্য—এই শিক্ষা প্রচারের দ্বারা সার্বিক ভ্রাতৃত্ববোধ জাগরিত করা।

শরীর থেকে মন, এবং মন থেকে আত্মার উৎকর্ষতা প্রতিপন্ন করা।

অসৎকে সৎ, বিষাদকে হর্ষ, নিষ্ঠুরতাকে দয়া, এবং অজ্ঞতাকে জ্ঞানের দ্বারা জয় করা।

বিজ্ঞান ও ধর্মের মূল অন্তর্নিহিত সূত্র যে এক, এই সত্যকে উপলব্ধি করার মাধ্যমে তাদের একত্রিত করা।

প্রাচ্য ও পাশ্চাত্যের মধ্যে সাংস্কৃতিক ও আধ্যাত্মিক সহমর্মিতা প্রচার করা ও উভয়ের বিশিষ্ট উপাদান আদান-প্রদান করা।

সর্বমানবকে নিজ আত্মার বৃহত্তর প্রকাশরূপে সেবা করা।

শ্রীশ্রী পরমহংস যোগানন্দ রচিত অন্যান্য গ্রন্থাবলী

- যোগী-কথামৃত
- ঈশ্বরের সহিত কথোপকথন পদ্ধতি
- পরমহংস যোগানন্দ বাণী
- আধ্যাত্মিক দিনলিপি
- Man's Eternal Quest
- Where There Is Light
- Journey to Self-realization
- In the Sanctuary of the Soul
- Metaphysical Meditations
- The Science of Religion
- To be Victorious in Life
- Developing Dynamic Will
- The Universality of Yoga
- Man's Greatest Adventure
- সাফল্যের সূত্র
- দিব্যবাণী
- আধ্যাত্মিক ধ্যান
- ধর্ম-বিজ্ঞান
- The Divine Romance
- Spiritual Diary
- Inner Peace
- Whispers from Eternity
- Wine of the Mystic
- Words of Cosmic Chants
- The Art of Living
- Seek God Now
- Who Made God?
- Living Fearlessly
- Increasing the Power of Initiative
- Nervousness: Cause and Cure
- Habit—Your Master or Your Slave?
- Why God Permits Evil and How to Rise Above It
- Autobiography of a Yogi (MP3 Audiobook, read by Sir Ben Kingsley)
- God Talks with Arjuna: The Bhagavad Gita *(A New Translation and Commentary)*
- The Second Coming of Christ: The Resurrection of the *Christ Within You—A Revelatory Commentary on the Original Teachings of Jesus*

Other Publication From Yogoda Satsanga Society of India

- "ভক্ত গুণাবলী" — *শ্রীশ্রী দয়ামাতা*
- "গীতার তত্ত্ব" — *শ্রীশ্রী স্বামী শ্রীযুক্তেশ্বর গিরি*
- "মেজদা" — শ্রীশ্রী পরমহংস যোগানন্দের পূর্বজীবন ও পারিবারিক বৃত্তান্ত — *শ্রী সনন্দলাল ঘোষ*
- The Holy Science *by Sri Sri Swami Sri Yukteswar Giri*
- Paramahansa Yogananda: In Memoriam—*Personal Accounts of the Master's Final Days*
- Only Love *by Sri Sri Daya Mata*
- Finding the Joy Within You *by Sri Sri Daya Mata*
- God Alone: The Life and Letters of a Saint *by Sri Gyanamata*
- The Holy Science by Sri Sri Swami Sri Yukteswar Giri
- Only Love: Living the Spiritual Life in a Changing World *by Sri Sri Daya Mata*
- Finding the Joy Within You: Personal Counsel for God-Centred Living *by Sri Sri Daya Mata*
- Enter the Quiet Heart: Creating a Loving Relationship With God *by Sri Sri Daya Mata*
- Intuition: Soul-Guidance for Life's Decisions *by Sri Sri Daya Mata*
- God Alone: The Life and Letters of a Saint *by Sri Gyanamata*
- "Mejda": The Family and the Early Life of Sri Sri Paramahansa Yogananda *by Sananda Lal Ghosh*
- Yogoda Satsanga Magazine
- Two Frogs in Trouble

Audio Recordings of Paramahansa Yogananda

- ❖ Beholding the one in All
- ❖ Be a Smile Millionaire
- ❖ In the Glory of Spirit
- ❖ The Great Light of God
- ❖ To Make Heaven on Earth
- ❖ Awake in the Cosmic Dream
- ❖ One Life Versus Reincarnation
- ❖ Removing All Sorrow and Suffering
- ❖ Self-Realization: The Inner and the Outer Path
- ❖ Songs of My Heart (Chants, Poems, and Prayers)
- ❖ Informal Talks by Other Disciples of Paramahansa

Yogananda (Audio CDs)
Sri Sri Daya Mata

- ❖ Anchoring Your Life in God
- ❖ Let Us Be Thankful
- ❖ Free Yourself from Tension
- ❖ God First
- ❖ Finding God in Daily Life
- ❖ A Heart Aflame
- ❖ Living a God Centred Life
- ❖ Moral Courage
- ❖ "My Spirit Shall Live On..."
- ❖ Strengthening the Power of the Mind
- ❖ Is Meditation on God Compatible with Modern Life?
- ❖ Karma Yoga: Balancing Activity and Meditation
- ❖ Understanding the Soul's Need for God

Sri Sri Mrinalini Mata

- ❖ If You Would Know the Guru
- ❖ Living in Attunement with the Divine
- ❖ Look Always To The Light
- ❖ The Guru: Messenger of Truth
- ❖ The Interior Life

Swami Anandamoy Giri

- ❖ Devotion: Understanding Its Deeper Aspects in the Search for God
- ❖ Is Peace Possible in Today's World?
- ❖ Kriya Yoga: Portal to the Infinite
- ❖ Loyalty: The Highest Spiritual Law

- ❖ The Importance of a True Guru Swami Smaranananda Giri
- ❖ Deepening Our Practice of Meditation
  Swami Mokshananda Giri
- ❖ Remembrances of the Guru, Sri Sri Paramahansa Yogananda

DVDs

- ❖ The Life of Sri Sri Paramahansa Yogananda: The Early Years in America (1920-1928)
- ❖ Finding Divine Peace and Balance by Sri Sri Daya Mata
- ❖ Him I Shall Follow by Sri Sri Daya Mata
- ❖ Living in the Love of God by Sri Sri Daya Mata
- ❖ Opening Your Heart to God's Presence by Sri Sri Daya Mata
- ❖ Security in a World of Change by Sri Sri Daya Mata
- ❖ Be Messengers of God's Light and Love
  by Sri Sri Mrinalini Mata
- ❖ In His Presence by Sri Sri Mrinalini Mata
- ❖ Portal to the Inner Light by Sri Sri Mrinalini Mata
- ❖ Experiencing God Within by Swami Anandamoy Giri
- ❖ The Wisdom of the Bhagavad Gita by Swami Anandamoy Giri
- ❖ You Can Know God in This Life by Swami Anandamoy Giri
- ❖ Your Thoughts Can Change Your Life
  by Swami Anandamoy Giri

Some of the above-mentioned books are also published in Assamese, Bengali, Gujarati, Hindi, Kannada, Malayalam, Marathi, Nepali, Odia, Punjabi, Sanskrit, Tamil, Telugu and Urdu. For a complete list of books and audio-video recordings write, call or visit at the address given below. Also available are black-and-white and colour pictures of Sri Sri Paramahansa Yogananda.

Available at your local bookstore or from:

Yogoda Satsanga Society of India

Paramahansa Yogananda Path Ranchi 834001, Jharkhand

Tel.: (0651) 2460071, 2460074, 2461578

Order online at: www.yssbooks.org